图书馆古籍数字化理论与实践

梁琳 著

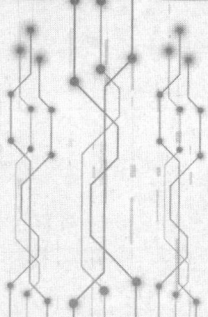

北方文艺出版社

哈尔滨

图书在版编目（CIP）数据

图书馆古籍数字化理论与实践 / 梁琳著 . —— 哈尔滨：
北方文艺出版社，2023.5
ISBN 978-7-5317-5776-4

Ⅰ . ①图… Ⅱ . ①梁… Ⅲ . ①数字技术 – 应用 – 古籍
整理 – 图书馆工作 – 研究 Ⅳ . ① G256.1–39

中国国家版本馆 CIP 数据核字 (2023) 第 011764 号

图书馆古籍数字化理论与实践
TUSHUGUAN GUJI SHUZIHUA LILUN YU SHIJIAN

作　者 / 梁　琳
责任编辑 / 李　萌　　　　　　　　　封面设计 / 汇文书联

出版发行 / 北方文艺出版社　　　　　邮　编 / 150008
发行电话 / （0451）86825533　　　　经　销 / 新华书店
地　址 / 哈尔滨市南岗区宣庆小区 1 号楼　网　址 / www.bfwy.com

印　刷 / 哈尔滨景美印务有限公司　　　开　本 / 710mm×1000mm　1/16
字　数 / 240 千　　　　　　　　　　印　张 / 14.75
版　次 / 2023 年 5 月第 1 版　　　　　印　次 / 2023 年 5 月第 1 次印刷

书　号 / ISBN 978-7-5317-5776-4　　　定　价 / 48.00 元

序　言

典籍是中华民族五千年灿烂文明的最主要载体。典籍传播知识、介绍经验、阐述思想、宣扬主张。中国历代都有有识之士加工、阐释、整理古籍，并使之广泛传播承继。正所谓"为往圣继绝学，为万世开太平"，这大大推动了中华文明的发展，也推动了世界文明的进程。古籍的保护方式通常分为原生性保护和再生性保护。进一步加强古籍的整理、出版、研究和利用，将古籍数字化，建立古籍数字资源库，都是再生性保护的重要方式，也是发挥古籍应有的作用，供大众使用，满足社会需求的有效途径。

随着古籍数字化实践的开展，理论研究也陆续展开。初期的古籍数字化研究主要涉及古籍数字化现状、古籍数字化产品、古籍数字化技术、专门古籍的数字化等，研究成果体现出较为明显的描述性和总结性特征。一些学者在总结古籍数字化实践历程之后，开始思考古籍数字化的基本理论问题，对古籍数字化的概念、性质、特征等基础理论和技术处理层面的相关理论进行研究。近年来，新的古籍数字化产品陆续面市，古籍数字化理论研究也不断走向深入。本论著力图基于已有的研究成果，全面系统地研究中文古籍数字化，以期对中文古籍数字化理论研究有所贡献，对古籍数字化实践工作有所启示和参考。

在本书撰写过程中，为提升学术性与严谨性，笔者参阅了大量的文献资料，引用了一些同人的研究成果，因篇幅有限，不能一一列举，在此一并表示最诚挚的感谢。鉴于本人学识水平和写作时间有限，书稿中难免有不足和有待商榷之处，希望读者多提宝贵建议和意见。

目　　录

第一章 古籍数字化概述

第一节 古籍数字化概念

一、古籍

古籍一般是指辛亥革命（1911 年）之前历朝写本、刻本、稿本、拓本等。辛亥革命以后影印、排印的线装书籍（如《四部丛刊》《四部备要》等）也属古籍。本书所说的"古籍"，包括古书和古书以外的、未形成"书"的其他古代文献，如甲骨刻辞、金石刻辞、简牍帛书、敦煌卷子等。本书古籍概念与古典文献概念未做严格区分。

古籍可以分为普通古籍和善本。其中，善本更为珍贵。善本最初的概念是指经过严格校勘、无讹文脱字的书本。许多学者对善本的概念不断总结归纳，最后形成了现在通用的善本"三性""九条"说。善本的"三性"指书籍应具备较高的历史文物性、学术资料性和艺术代表性。善本的"九条"是"三性"的补充和具体规定，主要包括：元代及元代以前刻印、抄写的图书；明代刻印、抄写的图书；清代乾隆以前流传较少的刻本、抄本；太平天国及历代农民革命政权所刊印的图书；辛亥革命前，在学术研究上有独到见解，或有学派特点，或集众说较有系统性的稿本，以及流传很少的刻本、抄本；辛亥革命以前，反映某一时期、某一领域或某一事件资料方面的稿本，以及流传很少的刻本、抄本；辛亥革命以前的名人学者批校、题跋或过录前人批校而有参考价值的印本、抄本；在印刷术上能反映古代印刷术发展，代表一定时期技术水平的各种活字印本、套印本，或有精校版画、插画的刻本；明代的印谱、清代的集古印谱、名家篆刻印谱的钤印本、有特色的亲笔题记等。由此可见，善本是古籍的重中之重，蕴含丰富的文化内涵，是我们了解古代文化、研究古代学术的重要媒介，也是古籍数字化的重要资源。

传统古籍数量庞大，浩如烟海。中华民族历史悠久，在漫漫的历史长河中涌现了一大批思想家、政治家、哲学家、文学家、史学家、军事家等，他们留下了丰富的文化遗产。一般认为，我国现存古籍的总数不少于10万种，根据《中国古籍善本书目》统计，现存古籍善本中传世孤本有4.5万余种。根据全国最新古籍普查的结果和权威古文献专家的认定，中华传统文化的典籍总数在12万到15万种。从严格意义上的古籍整理来考察（影印、标点、注释、白话、评点、校勘和辑佚），目前我国已整理出的古籍还不到总数的十分之一，其数量不超过1.2万种。

我国古籍类型多样，内容纷杂。古籍包括很多的类型，主要有普通古籍、善本古籍、地方志、抄校稿本、尺牍、谱牒、舆图、金石拓片、历史档案等。古籍的内容涉及古代政治、经济、文化等各个方面。

古籍具有很高的价值。它是中华民族发展历史的记忆，是民族文化的瑰宝，是经过历史检验、选择、淘汰和保留下来的精品。古籍作为历史文化的重要载体，在一定程度上代表着一个时代曾经达到过的智慧高度，是一个民族共同文化心理的重要见证。古籍中有许多中华民族对世界文化影响深远的经典性文献，占有重要的学术性地位。

古籍收藏较为分散。我国古籍绝大部分分散在各级各类的图书馆中，收藏古籍比较多的图书馆有国家图书馆、北京大学图书馆、中国科学院图书馆、首都图书馆、清华大学图书馆、中国人民大学图书馆、上海图书馆、复旦大学图书馆、华东师范大学图书馆、天津图书馆、南开大学图书馆、辽宁省图书馆、山东省图书馆、南京图书馆、浙江省图书馆、天一阁文物保管所、安徽省图书馆、江西省图书馆、福建省图书馆、河南省图书馆、湖北省图书馆、湖南省图书馆、中山图书馆、重庆图书馆等。我国台湾和香港地区也藏有不少的古籍。还有一些古籍散藏在民间。此外，也有大量的古籍散落在海外。比如《美国国会图书馆藏中文善本书续录》和《普林斯顿大学葛思德东方图书馆中文善本书目》就包含了2800余部宋元明清刻本、稿本、抄本及写本等。

古籍影响深远。文化发展既有延续性也有交融性，一个民族的传统文化与现代文化实际上密不可分，二者处于同一个整体中。任何一种文化的现代化都是自身传统的现代化，都带有其本民族的特色和它所传承的历史。而传统文化也在现代化的过程中重新发现自身的价值，并融入现代化的进程中。从这个意义上讲，传统文化中的精华部分正是民族性的表现，而民族性在某种意义上也正是现代文化的显著特征之一。任何一个民族都会对其历史文化遗产格外重视，精心做出各自的整理工作，中外古今，概莫能外，古籍也因而成为连接历史与现实的桥梁。古籍承载着中华民族文化，影响着国人的思想观和价值观。

古籍就犹如一个等待开采的"富矿"，需要我们花费极大的精力去挖掘、整理，将祖先的宝贵文化遗产运用传统或现代手段，重新筛选、校勘、补订、印刷。这是一项极其重要的、关系到千秋万世的工作。在网络环境下，面对搜集难、阅读难、理解难、检索难、利用难的古籍资料，如何充分利用现代信息技术，让古籍在数字化时代更好地为我们所用？古籍数字化提供了一条捷径。

二、古籍数字化

在 20 世纪 80 年代前后，我国开始了将古籍整理与计算机相结合的实践活动。1990 年，台湾《国文天地》第 9 期推出了"科技新贵与古籍佳人的结合 —— 中国古籍电脑化"专栏，首次出现了"古籍电脑化"这一术语，但当时并未给出界定。而正式出现"古籍数字化"的术语是在 1997 年，由上海图书馆的工作人员刘炜提出。此间，还出现了古籍自动化、古籍电子化、古籍全文资料库、珍藏文献数字化等相关术语。进入 21 世纪以来，学界越来越多地使用"古籍数字化"这一术语，并对其内涵有了更深一步的认识。

关于古籍数字化概念的一些代表性的说法有以下六种。

（1）2000 年，彭江岸在《论古籍的数字化》一文中对"古籍数字化"做了如下定义："古籍数字化就是利用数字技术将古籍的有关信息转换成数字信息存储在计算机上，从而达到使用和保护古籍的目的。"该定义阐释了古籍数字化的基本内涵，强调了古籍载体的数字转换及古籍数字化的目的。

（2）2000 年，王桂平在《我国古籍数字化的现状及展望》一文中将"古籍数字化"的概念定义为："所谓古籍数字化，就是采用计算机技术，对古籍文献进行加工、处理，制成古籍文献书目数据库和古籍全文数据库，用以揭示古籍文献中所蕴含的极其丰富的信息资源，为古籍的深度开发打下良好的基础。"该定义进一步明确了古籍数字化的成果形式，即古籍文献书目数据库和古籍全文数据库，并开始强调古籍的深度开发。

（3）2001年，乔红霞在《关于古籍全文数据库建设工作的思考》一文中对古籍数字化的界定如下："我国的古籍数据库建设即古籍数字化工作伴随着我国数字图书馆发展的步伐，经历了认识、探索、研制三个阶段。在这三个阶段的探索中人们把古籍的数字化归纳为这样一个概念，即利用多媒体技术、数据库技术、数据压缩技术、光盘存储技术、网络传输技术等手段把馆藏印刷型文献、缩微型文献、音像型文献等传统介质文献转化为数字化、电子化的光盘或网络信息的工作。"该定义细数了各项古籍数字化技术，细致明确了传统介质的类型，梳理了古籍数字化成果形式，即数字化、电子化的光盘或网络信息。但这个定义更具有泛指性，是文献数字化的定义，并不仅仅指古籍这个特类。

（4）2003年，刘琳、吴洪泽在《古籍整理学》一书中也给出了古籍数字化的定义："所谓古籍数字化，就是将古代典籍中以文字符号记录的信息输入计算机，从而实现了整理、存储、传输、检索等手段的计算机化。"该定义从计算机与传统古籍整理相结合的角度，简洁地阐述了古籍数字化的含义。

（5）2005年，李明杰在《中文古籍数字化基本理论问题刍议》一文中对古籍数字化的定义如下："古籍数字化是以保存和普及传统文化为基本目的，以知识发现的功能服务学术研究为最高目标，在对传统纸质古籍进行校勘整理的基础上，利用计算机技术将其转换成可读、可检索及实现了语义关联和知识重组的数字化信息的过程。"该定义丰富了古籍数字化的内涵，指出了古籍数字化普及传统文化和服务学术研究的双重目的，进一步强调了古籍数字化是在对传统纸质古籍进行校勘整理的基础上实现的，反映了人们对古籍数字化深度开发的认识。

（6）2009 年，毛建军在《古籍数字化理论与实践》一书中，对古籍数字化进行了界定：古籍数字化就是从利用和保护古籍的目的出发，采用计算机技术，将常见的语言文字或图形符号转化为能被计算机识别的数字符号，从而制成古籍电子索引、古籍书目数据库和古籍全文数据库，用以揭示古籍文献信息资源的一项系统工作。该定义最早出现在毛建军发表于 2006 年的一篇论文中，对古籍数字化的目的、技术、成果形式都做了明确说明，更强调古籍数字化是一项系统工作。

古籍数字化的概念研究是古籍数字化理论研究的基点，它直接影响着古籍数字化的定位及人们对古籍数字化的理解。正如史睿先生在《论中国古籍的数字化与人文学术研究》一文中所言："古籍数字化的理论问题比技术问题更为重要，因为一旦理论发生了偏差，技术越高明，则解决方案越是难以成功。"因而，古籍数字化理论的研究对于古籍数字化实践活动的开展有着重要的意义。

对古籍数字化概念的认识是一个不断深入的过程，我们认为：古籍数字化是指利用现代信息技术将传统古籍整理后转化为数字媒体形式的书目数据库和全文数据库，通过光盘、网络等介质保存和传播，以达到保存、普及传统文化和服务学术研究的目的。

美国国会图书馆的杨彼德（Youngpeter）说："在过去的十年中，数字化信息技术越来越多地影响着世界上大部分的文化和知识遗产。发展数字化替代品以保护文化遗产的数字化方法为学者和读者提供了潜在的好处。数字化方法可以改善中文古籍善本等珍贵物品的保护、整理和保存。"古籍由传统载体向数字化文本转化是信息技术的迅速发展在人文社会科学中的一个重要表现。由于中国古籍涉及内容极为广泛，其应用具有较为深广的潜力且一般不存在版权问题，因而近年来得到了较快的发展。数字化古籍与传统的纸质古籍相比，具有非常明显的优势。

优势之一：内容呈现多媒体化。古籍数字化使传统的古籍变得生动活泼，提高了古籍传播和利用的效率。古籍数字化以先进的信息技术为依托，将枯燥死板的古文献在多彩的电脑屏幕中展现，使得有着悠久历史的古籍通过因特网更好地亲近大众，也使得厚厚的古籍中蕴含的大量信息资源为人们所利用。

优势之二：内容利用便捷化。古籍数字化不仅延续了传统古籍的浏览功能，更在很大程度上强化了对古籍的检索功能，使读者可以快速方便地检索到所需内容，甚至是在传统古籍中很难检索到的内容，为读者查询和研究古籍提供了捷径。古籍数字化更好地完成了对古籍的再加工，使读书治学有所凭依。数字版的古籍普遍地具有阅读、检索、统计、排版、打印功能，大多数数字化的古籍都可以快速准确地为研究人员提供古典文献资料，对古汉语研究、古籍辑佚和辨伪工作有很大的作用。

优势之三：知识关联最大化。数字化的古籍与传统古籍相比有很好的助读性，许多数字化古籍都提供了关联检索。超文本技术在数字化古籍中的应用，更使相关知识的关联得到了充分体现。古籍数字化在传承中华文化、弘扬中华文明方面起到了积极的作用。

传统古籍不同于普通文献，古籍数字化也与普通文献的数字化有着不同之处。

古籍数字化相对比较独立。在传统图书馆业务中，古籍整理工作相对独立，采、编、阅、藏自成体系，古籍整理保留的旧有模式也最多，采用旧的分类、沿用传统的著录方式，馆际也没有国家统一标准，仅分类法就有四库法、中图法、科图法、人大法、刘国钧图书分类法等。因此，在古籍数字化进程中，这些因素均应加以考虑。

古籍数字化更强调版本的选择。在传统的古籍整理、研究工作中，一直比较注重版本的选择和比较，常常会在不同版本之间比较异同。普通文献数字化的版本问题远不及古籍数字化突出，如果数字化时选择了不好的版本，那么将直接影响古籍数字化的质量。

古籍数字化要求汉字字库容量极大。随着时光的流逝，汉字发生了很大的变化，从六国文字到秦统一后的小篆，从小篆到隶书，从隶书到楷书，发生了一次次书体变革。中华人民共和国建立以后，成立了中国文字改革研究委员会和中国文字改革委员会，于 1956 年公布《汉字简化方案》。1964 年，中国文字改革委员会编辑出版了《简化字总表》。1986 年，国家语言文字工作委员会重新发表了《简化字总表》，同时废止了 1977 年发表的《第二次汉字简化方案（草案）》。《简化字总表》所列简化字是通行汉字的正体。现代文献更多采用的是简体字，而古籍均为繁体字，许多生僻字、异体字是在计算机字库里难以找到的，这在很大程度上加大了古籍数字化的难度。

第二节　古籍数字化意义

曾任美国普林斯顿大学的"中国古籍善本书国际联合目录"项目总编的 J. S. 艾思仁（J. S. Edgren）这样写道："中国古籍不仅是中国的伟大文化遗产，也是世界文学、历史、哲学与科学技术宝库的一部分，鉴于中国是造纸术和印刷术的发明国，中国的古籍应该得到认真的研究和精心的维护，更由于它们巨大的文献价值，中国的古籍应该得到最高水平的整理和编目。"古籍数字化将古老的文化和现代技术很好地结合了起来，是新形势下中国古籍管理的重要方式。数字化古籍具有容量巨大、检索便捷多样、便于永久保存的特点，在网络环境下，实施古籍数字化具有重要的意义。

古籍数字化可以有效地解决古籍保存与使用之间的矛盾。古籍通常年代久远，往往具有重要的史料价值和很高的文化价值。许多古籍保存单位严格限制古籍的使用，以达到古籍保护的目的，但同时也使古籍的研究利用受到影响。古籍的数字化和网上发布，使研究者可以在网络终端上浏览古籍，还能避免直接接触对古籍造成的损坏，能有效地解决古籍保存和使用的矛盾，为中外学者研究古籍提供便利，必将对古籍研究工作产生巨大的推动作用。

古籍数字化有利于弘扬中华民族传统文化。传统古籍是中国五千年文化积淀的瑰宝，维系着中华传统文明的进步与传承，也是我国各图书馆馆藏的重要组成部分。古籍数字化是中华优秀文明由纸张等介质流传方式转为数字信息等现代方式传播的重要步骤，是对传统的中华文化传播和继承方式的革命。古籍数字化是互联网上中文信息完整性的重要保障，对确立中华文化在互联网上的整体优势地位和树立文化大国形象具有重要的作用。

古籍数字化有利于推进中文信息资源数字化的进程。计算机以处理西文为优势。由于中文是方块字，计算机对中文信息的处理表现出一定的难度，将计算机用于古文献的处理就更具有挑战性，涉及了字库、字形等一系列中文信息处理的问题，属于中文信息中比较难处理的部分。一些数字图书馆的建设把古籍数字化列为重要的数字化实验项目，古籍数字化的探索将为中文信息资源的数字化提供经验和参考。

古籍数字化将为中国传统学术的研究提供更为方便的工具。古籍数字化是传统学术研究的基础，它可以将学者的时间和精力从艰苦而烦琐的爬梳、翻检工作中解放出来，用于推动人文学术研究的发展，同时会大幅度地提高我们学习中国古代文化的效率。

古籍数字化为数字内容产业发展提供素材。未来数字内容产业将会促进传统产业提升知识含量而形成高附加值产业，也是提升整个产业竞争力的基石。数字内容产业包含范围很广，其中最基础的部分是"内容"本身，比如图像、文字、影像等，即一个个数字素材，将这些素材与现代信息技术紧密结合，通过提取、加工、整合、组织等方式，就可以形成有意义的数字内容产品，如电脑动画、游戏软件、影音制品、学习软件等。古籍数字化是数字素材的重要来源之一，是最具中华民族特色的素材之一，也是发展中国特色数字内容产业的基本支撑。

第三节　古籍数字化主体分析

一、古籍数字化主体构成

古籍数字化的本质是利用先进的计算机技术对传统古典文献进行整理的活动，过程涉及相关的主体要素及客体要素。因而，认真分析古籍数字化主体构成，阐述各种主体的特征及其关系，对于推进古籍数字化工作的协调发展具有重要的意义。

（一）古籍数字化主体界定

事实上，选择的界定标准和角度不同，划定的主体范围就会出现较大的差异。如果按照广义的古籍数字化活动所涉及的范围来界定，古籍数字化的主体就包括制作者、利用者、管理控制者、研究者等。但同时，我们也必须承认古籍数字化活动的核心是数字化古籍的制作与利用。其中，数字化古籍的开发制作直接反映了古籍数字化的最终成果形式，其作用更显突出。因此，我们试图以此来展开对古籍数字化主体构成的探讨。

首先，按照职业活动的标准，直接从事古籍数字化活动的人或组织称为古籍数字化主体。这是一种对古籍数字化主体的极为狭义和严格的界定。也就是说，狭义的古籍数字化主体指对古籍数字化这一活动有认识和实践能力的人或组织，他们是古籍数字化的研发者、出版者或制作者，是古籍数字化存在意义的决定者。纵观古籍数字化的实践活动，狭义的古籍数字化主体主要包括图书馆、学术科研机构、出版社、企业、个人及联合体等。在古籍数字化过程中，这些主体在古籍数字化意旨、技术等方面存在着某些差异，也就导致其古籍数字化的形式和产品具有各自的特色。目前，国内已有相关的初步探讨。

其次，按照参与性标准，参与古籍数字化活动的人或组织，均可以视为古籍数字化的主体，这是一个关于古籍数字化主体的较为广义和宽松的界定，即广义的古籍数字化主体泛指古籍数字化活动所涉及的人或组织，具体包括古籍数字化开发主体、古籍数字化利用主体、古籍数字化控制主体、古籍数字化研究主体等。古籍数字化开发主体等同于狭义的古籍数字化主体，包括从事数字化古籍研发的各个主体；古籍数字化利用主体是数字化古籍的使用者，包括现实的和潜在的，具有较为宽泛的意义；古籍数字化控制主体指相关的协调机构；古籍数字化研究主体包括从事古籍数字化研究的相关机构和个人。各类型的主体可以是组织，也可以是个人。

我们认为，古籍数字化主体不是单一的，而是多元化的，虽然各个主体参与古籍数字化的程度不同，但都对古籍数字化活动产生着一定的影响。古籍数字化活动的顺利开展依赖于各个主体之间的相互配合、相互作用、相互制约。故本书采用广义的古籍数字化主体的界定，即古籍数字化主体指参与古籍数字化活动的相关个人或组织，具体包括古籍数字化开发主体、利用主体、控制主体和研究主体。

（二）古籍数字化主体关系

古籍数字化是一项系统工程，涉及各类型主体，他们在古籍数字化活动中具有不同的地位和作用。古籍数字化活动的完成离不开各个主体的活动，可以说，他们均属古籍数字化活动主体之列。同时，不同的主体又以各自主体特有的角色参与到古籍数字化活动中，发挥着不同的功能和作用，形成了各主体之间的相互关系。

首先，开发主体、利用主体、控制主体、研究主体共同构成了古籍数字化的主体。古籍数字化活动包含古籍数字化的生产、传播、利用、反馈等各个环节。古籍数字化作为一项事业，不仅仅是由单一的图书馆、学术科研机构、数字公司等制作者完成的，也需要其他参与者的共同努力。其他参与者包括古籍的收藏主体、古籍数字化的收受主体（或称利用主体）、古籍数字化控制主体和研究主体。有时，古籍的收藏主体与古籍数字化的开发主体为一个，如个别图书馆既是古籍的收藏者，也是古籍数字化的开发者。这些参与主体是与古籍数字化的开发主体具有同样主体特性的组织或个人，他们与开发主体一起成为古籍数字化不可分割的主体成员。他们之间存在着差异，作用也各不相同，但他们首先体现的是一种主体之间的关系。

其次，不同主体之间具有相对独立性，在古籍数字化活动中发挥着不同的作用。从理论上说，古籍数字化涵盖了不同的主体，但他们的存在是各自相对独立的，是可以分立存在的，是古籍数字化这一活动将他们凝合在一起，构成了古籍数字化的共同主体。古籍数字化主体要素的多元性，决定了他们处于不同地位，形成了各自的差异性。古籍数字化的开发主体在各类型主体中占据重要的位置，他们承担着古籍数字化的研发工作，直接决定着古籍数字化项目或产品的质量。而且，开发主体也包括不同的类型，如图书馆、学术科研机构、数字企业、个人等。其由于开发数字化古籍的目的及自身性质的不同，形成了各自的特色。古籍数字化的利用主体是古籍数字化的收受者，是古籍数字化成果的服务对象，这类主体的需求状况决定着古籍数字化的方向。古籍数字化的控制主体原则上包括相关的政府部门和古籍整理委员会等，履行着古籍数字化发展的规划和协调控制职能。古籍数字化的研究主体承担着理论探讨等任务。这些主体均独立地做着自己的事情，具有不同功能和作用，从不同的角度共谋古籍数字化的大业。

再次，在某些特定情况下，不同主体的角色可以重合和转换，在具体的古籍数字化活动中，各类型主体的角色是相对固定的，具有不可替换的特性。例如，古籍数字化开发主体是开发主体，而非其他主体。但是，个别的时候不同活动主体的角色界限不是严格地存在，而是不停地转换。比如，有的学者既是古籍数字化的利用主体或研究主体，又可以转换成古籍数字化的开发主体。有的图书馆既是古籍数字化的开发主体，也是古籍数字化的重要研究主体，许多古籍数字化的研究成果出自图书馆的工作人员。控制主体有时也要先成为古籍数字化成果的收受者，才能对古籍数字化做出客观的评估，决定如何有效协调古籍数字化的发展。

最后，古籍数字化各主体之间存在着相互制约的关系。不同的古籍数字化主体都是共同主体的组成分子，有着推动古籍数字化事业的共同愿望。但由于各自的角度和立场不同，他们相对处于分立的状态，从客观上决定了他们之间存在着一定的矛盾，在整个古籍数字化活动中形成了相互制约的作用。古籍数字化的控制主体会对古籍数字化的开发主体形成一定的制约作用，而古籍数字化利用主体的状况在很大程度上影响着古籍数字化的开发主体的决策。古籍数字化研究主体也同样会对古籍数字化的开发主体和控制主体产生一定的影响。

二、古籍数字化开发主体

古籍数字化开发主体是古籍数字化共同主体的核心，就目前古籍数字化的实践而言，开发主体可以分为图书馆、学术科研机构、个人、出版社、数字公司、联合体等类型。每种类型的主体自身性质不同，扮演的社会角色各异，古籍数字化的目的也不尽相同，针对的古籍对象也有所侧重，古籍数字化的成果形式也不完全一致。

（一）图书馆

古籍文献是图书馆信息资源的重要组成部分。据不完全统计，我国现存古籍4000万册，图书馆系统收藏古籍2750万册，其中善本250万册。也就是说，图书馆藏有丰富的古籍资源，是古籍数字化的重要源头和基地。保护古籍、利用古籍、传承古籍是图书馆的社会职能。因此，图书馆较早就作为古籍数字化的重要主体，积极参与到古籍数字化的实践中。

图书馆是一种公益性主体，它的古籍数字化的经费主要来源于国家财政，古籍数字化成果主要以免费的方式服务广大用户。首先，图书馆的古籍书目数据库都是可以无偿使用的。在网络环境下，一般用户可以很方便地找到某一古籍的馆藏地，了解该古籍的相关书目信息。其次，图书馆提供的古籍全文或影像数据库，大多数可以免费或付较少的费用供读者使用。例如：国家图书馆的"碑帖菁华""敦煌在线""西夏碎金"都可以免费浏览全文影像；浙江大学图书馆的善本书目数据库亦可浏览部分书影。

图书馆的古籍数字化主要针对本馆的特色馆藏，呈现较为明显的地域性和特色化趋势。因此，各图书馆古籍数字化选题的重复性很小，善本和地方古典文献的数字化尤为突出。参与古籍数字化的图书馆有公共图书馆和高校图书馆，他们之间的古籍数字化也有所差异。公共图书馆具有更明显的地域特征，除古籍书目数据库外，数字化的对象多集中于地方志、家谱、地方文献等，如绍兴图书馆的绍兴方志数据库；而高校图书馆的数字化对象多侧重于某一专题，如中国农业大学图书馆的农书古籍全文数据库。

图书馆古籍数字化的优势在于自身拥有相应的古籍资源，也有古籍整理方面的专业人才，大部分图书馆都设有专门的古籍部门，有古籍书目数据库作为古籍全文数字化的基础。图书馆在古籍数字化开发主体中的地位是其他主体所不能替代的，它将在古籍数字化的进程中起到重要的作用。但是，就目前来说，图书馆的古籍数字化工作没有强大的动力源泉，古籍全文数字化主要依赖于图书馆自身的主动意识，再加上资金有限等因素，图书馆的古籍数字化与其他开发主体相比，整体水平偏低，缺少大规模有影响的古籍数字化成果。

（二）学术科研机构

一些学术科研机构较早地开始了中文古籍数字化的实践，其目的是满足自身教学和科研的需求。目前，参与古籍数字化活动的学术科研机构有北京大学中文系、首都师范大学电子文献研究所、中国中医科学院的中国医史文献研究所、中国社会科学院、河南大学历史系、山东社会科学院语言文学研究所、四川大学古籍所、陕西中医研究院、陕西师范大学历史文化学院、东北师范大学古籍整理研究所、香港中文大学中国文化研究所、日本东京大学东洋文化研究所等。虽然学术科研机构在古籍数字化成果的数量上不及图书馆，但在古籍数字化的对象、选题等方面表现出自己的特色。

学术科研机构的古籍数字化主要集中在中医文献、古典文学、历史文献等主题，而且往往以项目的形式呈现。比如，中国中医科学院的中国医史文献研究所承担了多个与古籍数字化相关的项目，有"中医古文献资源数字化关键问题研究""中医药科技信息数据库——中医古籍本草知识库建设""中医药科技信息数据库——中医古籍方书知识库建设""中医药科技信息数据库——中医古籍专题知识库建设""中医药古籍文献数字化规范研究""中医古籍与数字化温病专题"等，建成了中医古籍知识库。此类古籍数字化的资金主要来自项目的经费。

学术科研机构的古籍数字化时间跨度比较长，古籍数字化成果的类型也比较多样，从早期简单的古籍字词索引，到后期的全文检索系统，在提供资料、辅助研究等方面显现出较强的优势，如香港中文大学中国文化研究所的《汉达文库》、北京大学中文系的《全宋诗分析系统》等。

（三）个人

有一些个人出于对古籍的爱好，也积极参与了古籍数字化的进程。在互联网上，可以很轻松地搜索到一些个人创办的网站，录入了许多热门的古籍，如博大书库收录了近百部古典小说、唐宋元明清的主要诗词、诸子百家的相关著作等。

以个人为主体的古籍数字化坚守公益服务、免费阅读的信念，满足着大众对古籍的一般浏览需求。选题主要集中在古典文学、历史等大众热衷的领域，《三国演义》《水浒传》《西游记》《金瓶梅》《儒林外史》《红楼梦》《聊斋志异》等名著，因知名度较高，出现许多不同的网络版本，较好地实现了这些古籍的数字化存储。个人制作的数字化古籍由于资金有限，一般只是将古籍简单地录入计算机，按照纸本的格式，从目录到全文，以链接的方式，为用户提供浏览服务。这类的数字化古籍大多数时候作为电子书城的一个部分，如时代书城、梦远书城、天涯在线书库、百万书库等。这些个人制作的古籍数字化产品多采用简体中文进行录入，摒弃了原文的影像形式，显示格式也很单调，质量也难以保证，可以看作古籍数字化的初级成果，不代表古籍数字化的方向，却是互联网草根力量的重要反映，也极具存在的价值。

（四）出版社

传统的古籍出版几乎唯一依托于出版社，全国有数十家专业古籍出版社及其他出版社在出版古籍。可以说，出版社是传统古籍出版的重要主体。在信息化时代的今天，中国数字出版的产值每年都在以惊人的速度增长。虽然古籍的数字化仅是其中非常小的组成部分，但各出版社依旧在坚持纸本古籍出版的同时，艰难地开始古籍数字化的进程。出版社作为古籍数字化的主体之一，有着自己较为鲜明的特征。

与其他类型的古籍数字化主体相比，出版社在古籍图书的内容、知识产权等方面有着明显的优势。出版社有着丰富的古籍出版资源，同时享有它们的著作权。常年的传统古籍出版使出版社积累了大量整理后的古籍，将这些古籍以数字化的形式为大众提供服务，成为摆在出版社面前的一个契机。目前，出版过古籍数字化产品的出版社有中华书局、武汉大学出版社、上海人民出版社、人民邮电出版社、社会科学文献出版社、湖南电子音像出版社、广西金海湾出版社等。

在当前的古籍数字化实践中，出版社仅是参与主体，而非主导主体。由于各种原因，出版社的古籍数字化一直没有显著的进展，基本上处于一种"陪着唱戏"的态势。事实上，信息时代是内容为王还是技术先导，一直是值得思考的问题，就在出版社还在考虑技术能否突破、谁来投入、怎么盈利、如何防盗版等诸多事宜时，一些数字化企业却捷足先登，积极投身到古籍数字化领域，并成为重要的力量，有时也会联合出版社，但出版社只是个配角。

出版社是具有潜力的古籍数字化主体，个别出版社也做出了这样或那样的尝试，取得了一定的效果。比如，社会科学文献出版社通过与技术公司合作研发了翰堂古籍数字出版系统，后续开发了《康熙字典》《说文解字》等古籍辞书数据库。在古籍数字化过程中，该出版社始终坚持"以内容为主"的原则，主导产品框架的构造、内容的制作，而技术发展商仅提供技术支持，充分发挥了出版社在古籍数字化中的优势。实践证明，出版社涉足古籍数字化领域应找准自己的功能定位，发挥自己的长处，致力于图书内容的生产，而将数字制作技术交由专门的企业完成，按照技术服务内容的思路，逐渐扭转出版社在古籍数字化进程中的非主导局面，以更好地促进古籍数字化的发展。

（五）数字公司

从现有的古籍数字化成果来看，数字公司是古籍数字化产品运作最为成功的主体之一。一些影响比较大的中文古籍数字化产品均出自数字公司或有数字公司的参与，最具代表性的就是《四部丛刊》的电子版等。公司的古籍数字化属于商业性行为，以满足市场需求和营利为目的，技术力量较为强大。

数字公司的古籍数字化是一种商业性运作模式，强调成本与收益，主要针对市场的需求，故选题主要集中在一些使用率相对比较高的专题上，以大型类书或丛书等为主，古籍全文数据库为其主流，追求规模和总量，产品格式也自成一体。古籍数字化公司在出版技术、资金、销售等方面有着自己的优势。例如：北京爱如生数字化技术研究中心设有专门的研究院和开发中心；北京书同文数字化技术公司在国家版权局登记包括UniHanOCR、全文检索、数码翰林和彩书引擎在内的十七项拥有自主知识产权的软件技术，使数字公司的古籍数字化产品在规模和质量上显现一定的优势。而且，数字公司的古籍数字化在资金投入及市场销售推广上也是其他古籍数字化所难以企及的。各数字公司彼此之间很少有协作，有时数字公司会联合其他类型的一些主体来共同完成古籍数字化。

（六）联合体

联合体是指图书馆、科研学术机构、个人、出版社、数字公司等之间的跨行业的协作体，每种主体的古籍数字化由于自身的优势不同，也呈现不同的特点。图书馆作为文化保存机构，其古籍数字化更多追求的是社会效益。科研学术机构的古籍数字化主要服务于教学科研，更加强调学术价值；个人的古籍数字化更注重爱好和兴趣；出版社和数字公司的古籍数字化更追逐商业利益，且拥有技术、资金和市场运作的经验和优势。基于此，古籍数字化领域出现了一些联合体，并已取得了一定的成效。比如，北京大学教授刘俊文与北京爱如生数字化技术研究中心联合出品的《中国基本古籍库》，上海人民出版社、香港迪志公司和北京书同文数字化技术有限公司合作开发的文渊阁《四库全书》电子版，均在古籍数字化领域产生了较大的影响。《中国基本古籍库》和文渊阁《四库全书》电子版是目前古籍数字化产品中市场销售居前的两个样本。这种联合体作为主体的古籍数字化在一定程度上将公益性与商业性相结合，而且数字化规模一般比较大，整合了先进的数字化技术和人才，集成了相关古籍数字化主体的优势，出品的主要是古籍全文数据库，质量也属上乘。目前，这类联合体的古籍数字化主体非常有限，各个单独主体之间的合作也很少，而且在合作过程中主要以技术为导向，更缺乏长期的古籍数字化规划。但无论如何，联合体应该是古籍数字化开发主体的一种发展方向。

三、古籍数字化利用主体

古籍数字化利用主体是数字化古籍的使用者，包括现实用户和潜在用户。利用主体在很大程度上决定着古籍数字化的需求，引领着古籍数字化的方向。古籍数字化的根本目的之一在于满足用户对古籍的阅读、检索和研究需要，分析古籍数字化利用主体的状况，了解数字化古籍用户群的使用习惯，有助于促进古籍数字化的发展。古籍是一类特殊的信息资源，有着特定的用户群体，一般而言，主要包括两大类型，即研究型古籍数字化利用主体和一般阅读型古籍数字化利用主体。

（一）研究型古籍数字化利用主体

研究型古籍数字化利用主体一般都是古籍整理专家和从事专业教学或研究的学者。他们是数字化古籍阅览的稳定读者群，其阅览层次都比较高，注重原始文本的阅读，需要规范准确的古籍数字化产品。其中，高校教师和研究生、科研机构的学者等是研究型古籍数字化利用主体的重要组成部分。他们对数字化古籍的需求与他们教学、科研及社会事务活动紧密相关，广泛、便捷、准确是他们对数字化古籍需求的显著特点。他们来自人文社科等与古籍内容联系密切的行业领域，有的承担着繁重的教学任务，要及时追踪与专业课教学内容有关的最新研究资料及相关学科的知识进展；有的承担着相应的研究课题，需要系统完整、切合课题的研究资料。他们了解传统古籍的分布情况，有着明确的查阅目的，掌握相关专业研究方向的古籍资料，他们希望借助数字化古籍的强大技术优势，快捷、方便、全面地获取古籍信息，创新研究方法，提高研究效率，提升研究深度。另外，一些研究型主体的学者也尝试将数字化古籍应用到教学等领域，如中央民族大学的曹立波教授在明清小说的教学和论文指导中，借助了数字化的古典小说，对各种版本进行检索和对比，取得了较好的效果。数字化的明清小说为文学史教学提供了新的教学参考，数字化的比对为研究提供了新视角，数字化检索让学生通过归纳发现了新问题，同时让学生在比对和统计中提炼出了新的观点。研究型主体作为古籍数字化利用主体的重要成分，尤其需要应用便捷、高效、准确的数字化古籍检索工具为人文学术研究服务，更加注重数字化古籍的保真和知识发现功能，更期望古籍数字化能够实现智能化的检索功能、自动化的统计功能和多元化的对比功能。智能化的检索功能可以轻松地实现自动识别同一人物的人名、字、号，也可以实现人物和事件的关联检索等；自动化的统计功能允许读者按照个人的需要，自动统计各种数据；多元化的对比功能包括版本对比、作者对比、数量对比及类型对比等。另外，这些研究型主体也需要一些古籍数字化的知识库，汇集相关主体的各类型古籍数字化资料，为研究提供有价值的帮助。研究型主体是数字化古籍的高端利用者，对古籍数字化产品有着更高的要求，如何满足他们的需求，多推古籍数字化精品，乃古籍数字化研发主体需要思考的问题。

（二）一般阅读型古籍数字化利用主体

一般阅读型古籍数字化利用主体指普通的数字化古籍阅读者，他们的阅读目的有所不同，大部分读者有明确的阅读目的，希望从古籍文献中寻找相关的信息，或借助古籍文献完成相关的专业学习。也有一部分读者没有明确的阅读目的，只是出于兴趣而浏览。一般阅读型古籍数字化利用主体对象特别广泛，他们阅读数字化古籍，汲取中华传统文化的精髓。不同于研究型古籍数字化利用主体，他们自身的知识结构比较有限，对数字化古籍的内容没有特别强的鉴别力，因而更需要古籍数字化的精品，需要高质量的数字化古籍，以求获取准确的知识。而且，他们更期望数字化古籍能够挂接相应的工具书，以方便他们对古籍的阅读和理解。在数字化形式上，图文并茂、轻松易读可能更适合他们的口味。一般阅读型古籍数字化利用主体对于经典名著的数字化古籍需求更大，在传统文化逐渐回归的今天，越来越多的读者对数字化古籍产生需求，网络、光盘、电子书、手机等为古籍数字化提供了良好的平台。满足一般阅读型古籍数字化利用主体对古籍学习的需求，出版多种形式、便于普及的数字化古籍，将传统的纸本古籍的阅读在网络环境下发扬光大，让更多的古籍潜在读者成为古籍的爱好者，也是古籍数字化的一个发展方向。古籍数字化不仅仅要制作规模宏大、价格昂贵的大型全文数据库，更应包括适合大众胃口、价格低廉的小型古籍数据库。

无论是研究型古籍数字化利用主体，还是一般阅读型古籍数字化利用主体，对数字化古籍的需求都存在使用习惯的培养问题，都面临如何将潜在读者转变为现实读者的问题。当今正处在一个从传统的纸本时代向数字化时代过渡的时期，人们对于数字化古籍的使用也有一个适应的过程。新一代的研究者开始逐渐习惯享受数字化带来的种种便利，采用现代化的研究手段，实现学术研究新的突破。但这就更需要数字化古籍具备更丰富多样、更符合学术研究需要的功能，支持甚至引导更深层次的研究。同时，也需要古籍数字化研发主体及相关部门加强数字化古籍的宣传和培训工作，培育数字化古籍的需求市场。

四、古籍数字化研究主体

古籍数字化研究主体是指从事古籍数字化实践探讨和理论研究的机构及个人，主要包括高校相关专业的教师、古籍整理研究所的研究人员、图书馆及其他古籍数字化实践部门的研究人员等。古籍数字化研究主体从各自的角度审视和研究古籍数字化活动，其研究成果对古籍数字化工作有着深远的影响。

图书馆是古籍数字化研究主体最重要的组成部分。如前所述，图书馆是古籍数字化的研发主体，是古籍数字化主要的实践部门。近十年来，随着文献信息资源数字化的发展，图书馆的古籍数字化工作取得了一定的成就，一些相关的图书馆工作人员开始将他们的有关古籍数字化的实践经验和理论思考总结发表。高校图书馆历来不乏优秀人才，因而作为研究主体之一，高校图书馆的有关工作人员发表了较多数量的论文。他们的论文选题与古籍数字化实际工作紧密相连，更多地关注古籍书目数据库的建设、古籍数字化技术、古籍数字化资源的选择及开发利用。这也在一定程度上说明古籍数字化的实践更为普及，实践的发展艰难地推动着古籍数字化理论研究的开展。

高校相关院系是古籍数字化研究主体的又一中坚力量。古籍数字化是一个跨学科的研究主题，综合了多个学科的知识，以中文、信息管理、计算机专业为主。但与图书馆相比，高校作为教学和科研的重地，理应成为古籍数字化理论研究的先锋，却不尽如人意。这也从某种程度上说明，古籍数字化的理论研究相对比较薄弱，对古籍数字化的实践工作的指导作用不是特别明显。

古籍文献研究所或称古籍整理研究所是传统环境上对古籍进行整理和研究的重要主体，但对在新形势下出现的古籍数字化却关注不多。可以说，古籍数字化的研究与传统古籍整理研究并非一脉相承。

此外，档案馆、编辑部、出版社的个别作者也会对古籍数字化进行研究。但是出版社对古籍数字化的关注程度远不及图书馆、高校相关院系及古籍研究所等。

笔者认为，只有更多的古籍整理方面的学者、专家加入古籍数字化的研究过程，认真地从理论层面思考、探讨和研究有关古籍数字化的基本理论问题，使古籍数字化理论研究既源于实践又高于实践，才能真正升华古籍数字化的理论研究，进而指导和促进古籍数字化实践。

第四节　古籍数字化加工对象、形式和内容

古籍数字化的基本要素包括加工对象、加工工具、数据管理和人员要素几个方面。本书所谈及的加工对象包括"古籍"和"特藏"两类文献，概言之，是以汉文古籍为主，包括少数民族古籍在内的广义的古籍、古舆图、金石拓片和部分近代名家手稿等特藏类文献。古籍数字化的范围包括古籍、特藏的全品类藏品。

一、古籍数字化的加工对象

就国家图书馆古籍馆的数字化实践而言，主要的数字化加工对象包括中外古籍文献、名家手稿、古舆图、金石拓片、地方文献、少数民族文字文献、老照片、革命历史文献等具有较高保存和研究价值的文献。

目前加工对象中数量最大的是古籍。截至 2020 年 8 月，国家图书馆收

藏的善本古籍约 34.46 万册（件），普通古籍 163.1 万册（件）。

国家图书馆的四大专藏——"敦煌遗书"、《赵城金藏》、《永乐大典》、《四库全书》，近年来也陆续开展了数字化加工。还有部分名家手稿、方志、少数民族文字文献、法帖裱本、照片集、革命历史文献等。从装帧形制上看，大部分是册页形式，无论是线装、经折装、蝴蝶装还是包背装、精装，一般都可以使用 A2 幅面内的扫描仪完成扫描。特别重要的专藏带有专门的装具，在文物普查登记过程中，部分珍贵装具也要进行数字化信息采集。部分金石文献为卷轴装形式，亦可以使用书刊扫描仪或照相机进行数字化加工。

"敦煌遗书"于 1900 年在敦煌莫高窟发现，是最负盛名的 4—11 世纪古代文献，被称为 20 世纪学术界四大发现之一。国家图书馆收藏的"敦煌遗书"以 1910 年清代学部甘肃学台奉命将藏经洞劫余文献运抵北京的部分为基础，加上陆续收集的部分，总量达到 16 579 件。目前馆藏"敦煌遗书"主要以拍照方式，由专门的摄影师完成数字化数据采集。

《赵城金藏》是金熙宗皇统初年（1141），潞州（今属山西长治）崔法珍在山西、陕西部分地区断臂化缘，募资所修的《大藏经》刻本。其因发现于山西赵城（现山西洪洞）广胜寺，故被后世称为《赵城金藏》。20 世纪30 年代被学者们再度发现，1949 年后移交国家图书馆收藏，共存 4800 余卷。

"敦煌遗书"、《赵城金藏》大多以卷轴形式收藏，在数字化加工过程中，对设备的要求也不同于常见的册页装古籍。

金石文献共计 333 326 册件，包括甲骨、善拓、原石、书籍、画册、墨迹等类型，其中甲骨 35 651 片、各类善拓 2600 册、石经残石 360 件等。

古舆图的基础来自清内阁大库，中文古旧地图总量达 51 806 件，其史料价值、文献价值巨大。除了最早的全国地图《九域守令图》、气势恢宏的《福建舆图》，还有 20 世纪 30 年代入藏的清代"样式雷图"专藏 15 000 件。古旧舆图类藏品包括单张地图、地图集和立体模型三类。地图集的加工方式多同于册页文献，但单张地图要根据其开本大小和保存方式选择加工设备。

少数民族文字古籍文献，总量约 3.5 万册（件）。除了数量众多的满文、蒙古文、藏文刻本和写本，还包括占全国收藏量半数以上的西夏文献，如著名的木活字本《大方广佛华严经》、回鹘文《大唐大慈恩寺三藏法师传》，以及纳西东巴文古写本 4000 余件、彝文古籍 650 余种。目前正在开展数字化建设，也主要采用高清扫描设备完成。

近代名家手稿，总量 110 919 件，主要是指作者书写或有作者修改、批校的作品。从西方编目学来看，作者打印稿也属于手稿范畴，如斯特朗手稿。从笔迹多少来看，手稿分为全部手写稿（包括复写稿）、他人手抄稿（请人誊清稿）、复印件或打印件、以笔迹修改的出版物。从形成过程来看，手稿分为初稿、二稿、定稿、手写复印稿、出版物校改稿。这些不同类型的手稿，对设备参数设置有不同要求，另外对承稿台工作方式、背景色等加工细节也有很多不同要求。

革命历史文献，在古籍馆习称"新善本"，内容包括从辛亥革命至中华人民共和国成立的书刊资料，其中已经形成规模的包括辛亥革命及五四运动期间的进步书刊，马克思主义经典著作的早期译本，中国共产党成立前后的重要文献，抗日根据地和解放区出版物及具有特色的伪装本等，总量达 1.3万种 1.8 万余册（件）。不同于现代新书，这些"新善本"文献有剪裱、合订，油印、蓝印，乃至毛边本等多种样式，因此在扫描设备的选择、参数设置上也有自己的独特需求。近代文献因为纸张强度不够，多有酸脆现象，要求谨慎小心地对待数字化加工的各个环节。

二、古籍数字化的形式和内容

古籍数字化的形式和内容有不同的分类方法。从文献类型来看，可以分成书目、文献内容、书目兼文献内容几种形式。文献内容的数字化，按数据格式可以分为图像、文本、图像和文本三种类型；按完整程度可以分为部分数字化和全文数字化等。

古籍数字化工作要考虑的具体内容，包括项目收入的古籍品种、册数、叶数，载体材料（纸张、墨色、版式、是否带有装具），对象数据和元数据的格式等。如果进行全文识别，还要确认采用的符号系统是哪种标准（GB2312、GBK、ISO/IEC 等）。需要注意的是，数据采集的过程要求准确、真实，尽可能完整清晰地反映古籍原貌。根据不同项目的最终成品要求形式不同，可能至数据管理完成或对象数据发布完成时，项目就可以完结了。

古籍数字化资源产品的常见类型，包括目录数据库、影像资源库及知识库等。

以国家图书馆为例，在完成全馆古籍普查登记的同时形成了普查登记目录库，以自建或合建的方式发布了多个古籍数字化资源库。例如，中华古籍资源库、敦煌遗珍、甲骨世界、西夏碎金、数字方志、中华寻根网（家谱）、碑帖菁华、宋人文集、徽州善本家谱，以及海外汉籍资源图像资源库——哈佛大学哈佛燕京图书馆善本特藏资源库、东京大学东洋文化研究所汉籍影像数据库等。其中，中华古籍资源库于 2016 年向社会公众免费发布，已经在线发布超过 80 % 馆藏古籍善本数字影像，是我国公共图书馆古籍数字化的重要成果。

上述各类数字化产品中绝大多数是影像和书目数据库，包含古籍书目元数据，并对应相应的部分或全书的影像。用户可以按照题名、作者等关键词加以检索或直接浏览、使用相关资源。在各类影像资源库中比较有特色的，如首都图书馆以其馆藏古籍为基础的"古籍珍善本图像数据库""古籍插图图像数据库"等系列馆藏特色数据库。其中古籍插图图像数据库，包含古籍插图数据 1.5 万条，标引内容包括人物、小说、戏曲、军事、宗教（佛教、道教）、动物、植物、风景、建筑、历史故事等不同主题。读者可以通过插图题名、绘图者、刻印者、图像主题、图中人物、地点、成图方式（木版画、石印、影印）、绘制年代、插图选取文献题名等多种途径使用关键词进行检索，也可以分类浏览、赏鉴。

除了书目和影像资源库，还实现了全文数字化的主要是数字方志。该项目由国家图书馆古籍馆地方文献组负责设计和监制，主要是整理、加工编纂馆藏清代（含清代）以前的方志资源，制作全文的 PDF 和 JPEG 格式数据发布。截至 2020 年 8 月已经完成发布 6 期数据，在建第 8 期数据。

甲骨文献数据库则有多家单位发布数字化成果。

香港中文大学中国文化研究所古文献数据中心开发了汉达古籍数据库检

索系统——甲骨文数据库，以 7 种主要大型甲骨整理书籍为基础，载入卜辞 53 834 片，逾 100 万字。台北"中央研究院"历史语言研究所的甲骨文拓片数据库，整理了 4 万多件甲骨拓片，制作了 21 156 条图像数据和元数据。华东师范大学中国文字研究与应用中心建设的中国文字数字资源，其中包括花园庄东地甲骨检索系统，主要提供花园庄东地甲骨文的全文检索，系统依据材料为中国社科院考古研究所编著的《殷墟花园庄东地甲骨》（云南人民出版社，2003 版）。

其中"甲骨世界"是国家图书馆的甲骨实物和甲骨拓片数据库，包括甲骨实物照片，即带有文字和钻凿痕迹部分的拍照图像，甲骨拓片的扫描图像，以及对应的元数据信息，即馆藏编号、年代、存字数量及释文等。数据库已制作目录数据 2964 条、图像 5932 幅，拓片目录 2975 条、图像 3177 幅，能够实现全文检索，并有工具库链接。

这个数据库的建设也经过了前期的讨论和设计，具体内容可以参考原金石组甲骨编目和传拓负责人贾双喜的文章《甲骨及甲骨拓片影像数据库的设计和实验》。

三、古籍数字化的建设标准与规范

古籍数字化的建设标准与规范已有众多研究成果问世。就图像采集实践而言，最初我们经常参考的是史语所傅斯年图书馆的数字化相关规范。这一系列规范将数字化工作按流程分为前置作业和后设资料（metadata，即元数据）建设两个主要部分，规范内容涉及数字化流程、古籍扫校系统作业流程、影像扫描拍摄及校验相关作业标准等，并有善本、"印记"等不同类型文献的著录规范和"人名权威资料库"等资源库。

随着 2011 年古籍馆的数字化项目日渐增多，古籍馆也渐渐形成了自己的流程和标准。与国家图书馆的数字资源建设标准相比，古籍馆所执行的标准至少要满足馆级建设要求，某些方面甚至要求更高，并会及时向专门部门提出申请修改部分标准，以适应工作的实际情况。

2006—2007年，"拓展台北数位典藏"网站共发布了21册不同主题文献的数字化工作指南。2010年，修订发布了古籍线装书、汉籍全文、金石拓片、期刊报纸、书画、文书档案、印章印记、照片、地图、语料库建置入门等多个指南。

"中华古籍保护计划"自2007年实施以来，各个公藏机构，特别是图书馆古籍收藏部门，都开始了有计划的古籍数字化建设。无论是书目普查、影像采集，还是全书数字化产品，都为研究者、读者提供了更便利的服务体验。随着资金投入的日益增多，有必要对古籍数字化的对象数据、元数据进行规范化处理，这样的数据才能有长期存储的价值，这样的服务才能与国际接轨。通过调研欧、美、日重要图书馆的数字化项目，我们对古籍数字化现状有了基本认识，更希望在相对一致的标准和规范下，做好数据库建设，为将来的"数字中国"建设贡献古籍特藏的精品数据。

第二章　古籍数字化现状

第一节　古籍数字化发展历程

计算机在文献存储、整理、检索、统计及索引编制方面有着极大的优越性，很早就应用于文献加工处理领域。中文古籍数字化的发展与计算机的广泛应用有着密切的关系，其发展历程最早是从计算机事业最发达的美国开始的，可以追溯到 1978 年著名的 OCLC（Online Computer Library Center，即联机计算机图书馆中心，总部在美国的俄亥俄州，是全球最大的提供文献服务的机构之一）和 RLIN（Research Libraries Information Network，即研究图书馆情报网络，由美国一些大学图书馆和研究图书馆联合创立）建立的《朱熹大学章句索引》《朱熹中庸章句索引》《王阳明大学问索引》《王阳明传习录索引》《戴震原善索引》《戴震孟子字义疏证索引》等书目数据库。

我国台湾地区古籍数字化工作开始于 20 世纪 80 年代初期，从 1984 年起，台湾"中央研究院"历史语言研究所先后开发了"汉籍电子文献""文物图像研究室资料库检索系统"和"史语所藏内阁大库档案"。此外，台湾大学的"中华电子佛典线上藏经阁大正藏全文检索系统"、元智大学的"网络展书读"中华典籍数据库、台北"故宫博物院"的"古典文献全文检索数据库"等都具有较大影响。罗凤珠教授将台湾地区的古籍数字化发展分为五个时期：处理中文文字数据时期；单机版古籍全文数据库的研发；网络版古籍全文数据库的研发；多功能、多媒体、多元化的文献数据库；以 3D 动画技术呈现立体文献资料。台湾地区的古籍数字化工作最初由研究单位自发性地于单位内部提出研究计划，如"中央研究院"历史语言研究所的"史籍自动化计划"，近年来已由个人及单位内部的单打独斗、发展为由单位有计划的发展整合型计划，1999 年 7 月台湾通过"国家数字典藏计划"，现在古籍数字化已成为台湾地区的文献数字化工作的重要组成部分，由官方结合学术单位、典藏单位、产业界、民间力量共同执行。我国香港地区的古籍数字化工作开始于20世纪80年代后期。1988年起，香港中文大学中国文化研究所依靠"香港研究资助局"等机构的拨款，开始从事中国古代文献资料库的建立，凭借技术上的优势和政府的支持，发展很快。

20世纪80年代，江苏科学院的王昆仑先生首次研制出的《红楼梦》检索系统，翻开了我国古籍数字化新的一页。1992年，国家古籍整理出版规划领导小组制订了《中国古籍整理出版十年规划和"八五"计划》，其中确定的任务之一就是扩大整理基本典籍输入微机工作的试点，最好制作出能够发行的古籍电子版。1996年3月颁布了中日韩三国ISO10646大字符集，收录汉字20 902个，基本上解决了古籍数据库字库的问题。这极大地推进了我国古籍的数字化进程，随后涌现多种关于中国古籍的书目数据库、全文数据库和古籍的网络资源。

中文古籍数字化的发展大致可以分为两个阶段，以20世纪末文渊阁《四库全书》电子版等数字化产品的推出为分水岭。

20世纪80年代至20世纪末，我国大部分地区的古籍数字化工作开始起步，一些个人和机构着手进行古籍数字化的尝试。此间，从事古籍数字化的机构比较分散，多采用区域性汉字编码，造成了各地区跨平台阅读的困难。这一时期古籍数字化的代表性成果主要集中于港台，有台湾地区的"汉籍电子文献""故宫寒泉检索系统"等，香港中文大学汉达古文献资料库中心的"先秦两汉传世文献资料库"等。这时，古籍书目数据库的建设取得了一定进展，南京图书馆于20世纪90年代初率先建立古籍书目数据库，读者可以通过书名、著者、分类等不同途径检索到该馆所藏古籍的各种版本与相关书目。

20世纪末，文渊阁《四库全书》电子版的出现标志着我国古籍数字化进入了一个新的阶段。港台古籍数字化继续发展，内地（大陆）古籍数字化异军突起，数字化产品技术含量提高，国际汉字编码标准被采用认可，实现了数字产品的跨国界、跨语言、跨平台阅读和检索，产品的检索功能大为增强，知识关联检索引起关注，古籍数字化的规模得以扩大。这一时期具有代表性的数字化产品不胜枚举。其中，最具影响力的当属文渊阁《四库全书》电子版、《四部丛刊》电子版、中国基本古籍库等。

我国古籍数字化工作开展较晚，但其发展速度不容小觑，"中国数字图书馆工程""中华再造善本工程""中华字库工程"等重点项目陆续开展，参与古籍数字化工作的主体越来越庞大，数字化工作覆盖的古籍文献也日渐丰富和全面。具体而言，一方面，图书馆与科研学术机构在古籍数字化工作中扮演了重要角色。比如，目前国家图书馆已经建成包含 36 个子库（中华古籍资源库、古代古籍、四部丛刊等）的古籍资源库，北京大学建设数字图书馆古文献资源库——秘籍琳琅，全国 24 家重点高校图书馆共建高校古文献资源库——学苑汲古，以及首都图书馆、南京图书馆、东北师范大学古籍研究所等机构针对各自馆藏特色古籍资源开展的数字化项目，这些都为我国古籍数字化工作的开展做出了令人瞩目的贡献。另一方面，更多商业机构参与古籍资源的开发，成为古籍数字化工作中不容小觑的一股力量。例如：北京爱如生数字化技术研究中心研制中国方志库，并同北大方正集团有限公司及黄山书社合作出版中国基本古籍库；北京书同文数字化技术有限公司与香港迪志文化出版有限公司、上海人民出版社合作研制文渊阁四库全书，并且独立开发了《四部丛刊》全文检索系统；北京时代瀚堂科技有限公司开发龙语瀚堂典籍数据库；北京国学时代文化传播股份有限公司研制国学宝典。值得注意的是，数字化对象除经典古籍外，国家图书馆推出的碑砧菁华、西夏碎金、敦煌遗珍等专题数据库，上海图书馆建立的家谱书目数据库，以及各地的地方志文献数字化工程与项目，都将越来越多的特色古籍资源纳入古籍数字化事业中。

此外，由于古籍数字化过程的特殊要求，其标准建设成为古籍数字化的一项重点工作内容。随着我国古籍数字化研究实践的进行，已经建立了一些现行标准。张文亮等人于 2016 年整理我国古籍数字化标准体系，指出其共包括 11 条国家标准、10 条文化行业标准、2 条档案行业标准和 1 条新闻出版行业标准，其中大部分是元数据规范和数据加工规范等技术标准。

第二节 古籍数字化发展现状

一、重大工程项目稳步推进

近年来，在国家及政府的科学规划和资金扶持下，我国古籍资源数字化建设项目稳步推进，甚至提前完成规划要求，体现了古籍数字化工作效率之高。

首先，"中华古籍数字资源库"实现了规模和效益双丰收。2019年11月，国家图书馆（国家古籍保护中心）联合吉林省图书馆、黑龙江省图书馆、南京图书馆等20余家单位在线发布了7200余部（件）古籍数字资源，其中包含大量传统文学精品典藏。此次联合发布也是国家图书馆组织的第四次发布，发布总量达到7.2万部（件），提前完成《"十三五"时期全国古籍保护工作规划》提出的发布7万部（件）目标，为古籍大众化普及和专业学术研究工作提供了重要助力。

其次，"全国古籍普查登记基本数据库"的正式发布为"中华古籍综合信息数据管理平台"的建设优化提供了支持。截至2019年底，全国已有24个省份完成古籍普查登记工作，全国古籍普查总量达260余万部（件）另1.8万函，2315家收藏机构完成古籍普查登记工作。"全国古籍普查登记基本数据库"累计发布217家单位的古籍资源772 861条共计7 447 203册（件），其中既有大量普通文学典籍，也不乏珍本、孤本、善本等，为全国古籍保护与开发工作的高效开展提供了支撑。

最后，少数民族古籍数字化保护开发工作也取得了长足发展。截至2019年底，"中华字库"工程中的"少数民族古文字搜集与字库制作"已完成23种少数民族古文字字符的搜集和属性标注工作，为少数民族文学古籍的数字化开发利用提供了极大便利；云南、贵州、陕西、四川、广西等区域的少数民族古籍数字化开发也取得了明显进步。以云南省为例，"十三五"以来，该省共完成15个独有少数民族多媒体资源库、傣族文献信息专题数据库、东巴文献专题资源库等特色数字资源建设工程，为少数民族古籍传承、保护和数字化开发提供了有力支持。此外，基础性古籍目录出版、出土文献整理出版、社会档案整理出版等重点工程也在持续推进，成效显著。

二、多方力量参与，成果喜人

近年来，我国公共图书馆、出版机构、高校、科研机构及企业等社会各界力量积极投身文学类古籍数字化开发工作，取得了极大进步。

一是以国家图书馆（国家古籍保护中心）为引导者、各级公共图书馆为参与者的数字化开发格局逐渐形成，为我国古籍保护开发事业繁荣发展注入了强大动力。据统计，2016 年 9 月国家图书馆创建的"中华古籍资源库"正式开通运行后，在线发布善本古籍影像 10 975 部（件）、善本古籍影像资源 2070 种，其中不乏海量文学精品典籍，充分展现了中华文化的源远流长和博大精深。

二是各出版机构在古籍数字化开发领域积累了诸多成果。截至 2018 年底，中华书局的"中华经典古籍数据库"已发布数字化古籍资源 1200 多部（件）共计 10 亿字，为"传统文化大数据中心"的构建提供了重要支持，计划到 2021 年底实现发布 5 万种古籍资源共计 150 亿字的目标。商务印书馆、中译出版社、上海人民出版社等出版单位也推出了一系列古籍数字资源，其中不乏大量文学典籍资源。

三是高校及科研机构的古籍数字化成果十分丰富。2018 年 3 月，北京信息科技大学联合丽江市东巴文化研究院等单位正式发布了"世界记忆遗产——东巴经典传承体系数字化国际共享平台建设研究"的成果，其中包含东巴文学、艺术等古籍资源，为区域特色文化资源的保护、抢救和传承、开发提供了大力支持。湖南大学、南京大学、广西师范大学、中国诗歌研究中心等高校和科研机构也通过自主开发或跨界协作发布了众多文学、艺术等古籍数字资源。

四是企业化力量的参与对古籍资源数字化开发起到重要推动作用。如中华书局下属的国内首款古籍整理与数字化综合服务平台"籍合网"，截至

2019 年底已上线资源 2600 余种，累计约 12.5 亿字，其中包含"中华经典古籍库""中华文史学术论著库""中华文史工具书数据库""西南联大专题数据库"等文学类古籍资源数字库，覆盖范围广，资源种类齐全，对我国古籍资源数字化整理开发、大众阅览、学术研究都具有重要意义。

三、新兴技术赋能模式创新

随着新媒体时代的到来和多种新兴技术的融合应用，我国古籍整理与开发模式日益创新，在质量与效率上均有显著提升。继 2016 年"中华经典古籍库"陆续推出镜像版、网络版（在线版）、微信版、微信专业版四款产品后，2018 年，中华书局又在《中华大藏经（汉文部分）·续编（甲部）》的数字化整理工作中引入在线审校的众包模式，标志着我国古籍整理出版由此进入了线上整理与开发的数字 3.0 时代，实现了古籍资源数字化开发的高质量发展。

2019 年 10 月，首都师范大学电子文献研究所、中国诗歌中心和清华大学中国古典文献研究中心联合主办了第七届"中国古籍数字化古籍学术研讨会"，重点围绕"大数据与人工智能对中文古籍数字化的影响""移动终端环境下古籍数据库应用""四库全书数据库建设"等主题展开讨论，为我国古籍资源数字化开发提供了有益思考。随着 5G、VR 等新兴技术的成熟应用，古籍数字化开发必将开启全新征程。2020 年 3 月，浙江省宁波市天一阁博物馆等文旅单位在中国联通 5G Live、爱奇艺、斗鱼、虎牙等平台举办了以"略谈现存最早的包公小说"为主题的国学讲堂 5G 互动直播活动，吸引了全国数万名观众观看，为新时期的古籍资源数字化传承开辟了新路径。

四、大众普及推广成效显著

近年来，文学类古籍资源数字化开发推广呈现多元化、创新化发展趋势。

一是众多古籍资源数字化活态推广路径的拓宽。"我与中华古籍"系列宣传推广项目、"民族遗珍，书香中国 —— 中国少数民族古籍珍品暨保护成果展"全国巡展品牌项目等重大工程，纷纷借助广播电视、报纸杂志、微博、微信等传统媒体和新兴媒体平台，将古籍资源向公众传播推广，对普及古籍知识发挥了重要作用。

二是借助文津讲坛、重大展览等宣传推广活动，配合古籍修复和数字互动体验等服务，以人民群众喜闻乐见的形式提升古籍资源数字化推广的成效。如 2019 年 9 月，国家典籍博物馆为庆祝中华人民共和国成立 70 周年举办的"中华传统文化典籍保护传承大展"，不仅为社会大众提供了丰富多元的文学典籍，还通过数字互动游戏满足了公众的沉浸式体验的需求，为古籍资源数字化开发提供了有益启示。

三是开发了一系列古籍数字文创产品，进一步提升了古籍资源数字化的效益。比如，近两年首都图书馆打造的"光影互动墙"、河南省图书馆开发的"读书与探索 —— 从图书馆出发看世界"文创旅游项目、陕西省图书馆推出的 3D 打印"晋宝"立体衍生品活动，以及贵州省图书馆开发的贵州红色文化系列数字文创产品服务等，都产生了良好的社会效益和经济效益。

五、古籍数字化发展趋势

（一）对数字化古籍原件的保护

由于古籍大都年代久远，经过了漫长的物理以及化学环境影响，能流传至今的大都也很脆弱。古籍的装帧形式也多种多样，如蝴蝶装、包背装、经折装、线装等。古籍数字化的过程主要是利用各种电子仪器，人为的翻动、仪器设备对古籍都会造成不同的程度损伤。这就要求我们古籍数字化工作人员要给予数字化后的古籍原件很高的关注度。对于有损毁的古籍，我们的古籍工作人员要积极地进行修缮，同时古籍的保存环境也至关重要，如适宜的温度、湿度、光线等，要做好数字化后古籍原件的保护工作。

（二）对数字化古籍系统的开发

为了方便古籍数字化工作者对数字化的内容进行归档、整理，以及更好地进行数字化后古籍的再生价值传播，在进行古籍数字化后要建立古籍集成系统，该系统不仅可以实现数字化后古籍的管理功能，还可以实现数字化后古籍的检索功能。具体表现是可以进行文本、图片、特殊格式兼容，还可以将古籍原有装帧形式、物理形态进行还原的全文数据库，为读者提供如特殊文字、装帧形式等检索点。这就要求古籍工作者及技术人员要加速对数字化后的古籍数据库建立的研究。以古籍数字化资源雄厚的单位为中心，与其他工作中心相配合，加大人力物力的投入，为数字化后的古籍系统开发献计献策。

（三）对数字化古籍的再生性保护

在上面阐述了古籍数字化的目的，我们不光要关注古籍的文物价值，还要关注古籍数字化后的再生价值。古籍具有重要的历史价值和文化价值，所以对数字化后古籍的再生性保护极为重要。因此，我们的古籍工作者要对数字化后古籍的再生性价值进行深入的挖掘。建立数字化后古籍价值延伸与传承系统，完善数字化古籍再生性价值的保护体系与奖励机制，加强数字化后古籍的知识建构，共建数字化后古籍的共享交流方式、方法，加强对数字化后古籍的横向、纵向的挖掘。

（四）对数字化古籍的出版与阅读推广

数字化后的古籍出版是古籍数字化后的必然趋势，出版利用计算机网络技术及云平台技术，依照我们建立的古籍数字化数据库，将古籍活灵活现地展现在读者面前。而这其中就涉及四个方面：政府、古籍数字化出版方、数据库提供方、图书馆。图书出版商与数据库提供商要把好古籍数字化的质量关，为我们的读者提供优质的古籍数字化内容。政府也要给予古籍数字化出版相应的政策（如古籍数字化出版版权、推进古籍数字化出版云平台应用等）。古籍数字化出版商自身也要注重版权保护，使古籍数字化出版拥有良好的发展基础。

古籍数字化出版的主要目的是使更多读者能够有效利用我们数字化后的古籍，而图书馆就承担了这一主要职责。图书馆要对数字化后的古籍进行阅读推广，使不了解古籍的读者对古籍产生认识，为使用古籍的读者扫清阅读障碍。图书馆古籍数字化阅读推广可以通过开展一些关于古籍内容、形态的深入挖掘的讲座、读书会、展览等激发读者对古籍数字化内容的喜爱，进而提高读者的阅读层级，实现古籍数字化的价值。

（五）数字化古籍的未来发展趋势 —— 面向知识服务

当古籍数字化阅读推广发展到一定的阶段，读者必然会对图书馆提出新的要求。图书馆要关注的不是我们是否提供了足够多的古籍数字化的内容，而是我们提供的古籍数字化内容读者是否满意。图书馆要根据不同用户的需求将古籍数字化进行内容与结构的分析，重新分类整合，构建知识模块，即面向知识服务为读者进行跟踪服务。

第三节　古籍数据库建设

一、古籍数字化的必要性

古籍是一个国家、民族文化记忆的载体，是继承和研究历史文化的重要依据。目前许多国家都保存有内容丰富、卷帙浩繁的古籍，保护好这些古籍文献是促进文化传承、推动文化发展之必需。中国是源远流长的文明古国、中华文明的载体，汉文古籍浩如烟海，它们在历史的大浪之中浮沉，最后分藏在世界各地。

自古以来，古籍就在"收藏"与"亡佚"的夹缝中代代相传。很多优秀的书籍因为收藏在深阁，一经书厄，便消失于世间。对古籍最好的保护，并不是藏之高阁，而是让其化身千百、流布人间。清代藏书家如黄丕烈等，用翻刻出版的方式保护、传承善本。而与时俱进的我们，则用目前的科技制作古籍副本、保护古籍，让古籍在传承的同时最大限度地为读者服务。

关于古籍数字化的定义，不同学者有不同的表述。有学者指出古籍数字化是以利用和保护古籍为目的，通过计算机技术将常见的语言文字或图形符号转化为能被计算机识别的数字符号，从而制成古籍书目数据库和古籍全文数据库，用以揭示古籍文献信息资源的工作，是古籍整理的一部分，方便大众对古籍的使用。还有学者指出古籍数字化是利用现代信息技术，将历来抄写本、刻铸本、雕版、活字版、套版及铅字印刷等方式所呈现的古代文献转化为电子媒体的形式，通过光盘、网络等介质保存和传播。还有人认为古籍数字化是以保存和普及传统文化为基本目的，以知识发现的功能服务学术研究为最高目标，在对传统纸质古籍进行校勘整理的基础上，利用计算机技术将其转换成可读可检索，并实现了语义关联和知识重组的数字化信息过程。

不同学者对古籍数字化的定义有一个共同的中心实质，即采用现代信息技术对古籍文献进行加工、处理及存储介质的转换，目的是更好地保护和利用古籍。他们论述的不同则在于，古籍数字化工作从技术和需求两方面来看，到底可以发展到什么程度。古籍的书目数据、影像数据、全文数据建设，都是古籍数字化工作的一部分，它们的难度和要求也是不同的。但无论怎样，我们必须看到一个不争的事实，即作为保护与整理古籍的重要手段，计算机技术及网络平台支持下的古籍数字化，可以真实、清晰地反映古籍原貌，可以提供给大众便捷的使用方式，可以促进古籍的传播和利用，最大限度地发挥古籍资源的作用。

二、国际视野下汉文古籍数据库状况概述

近年来，数字图书馆和大型电子资源库的开发与建设，已成为世界各国大型图书馆及学术研究机构的一个重要发展趋势。其中，古籍资源的数字化得到了跨国界的、跨学科的一致重视。并且随着技术的不断改进及一些重要数字化产品的相继发行，数字化的古籍资源在学术研究和文化教育中的利用不断扩展。

中国古籍的收藏不仅仅限于中国本土。日本、韩国等东亚国家，以美国、加拿大为代表的北美地区，欧洲各国及澳大利亚都有收藏中国古籍的重要单位。近年来，这些收藏单位都开展了规模不一、程度不同的古籍资源数字化工作。

（一）美国汉文古籍数据库重要项目概述

（1）美国国会图书馆的"联机目录"：有中文古籍 75 万多册，其中有宋元明清善本、珍本资料。该系统提供浏览检索、高级检索及关键词检索功能，可以按题名、作者、主题、分类号、标准号等进行检索，用户检索中文资料时需要用汉语拼音输入检索条件，数据结果以英文形式展现。

（2）加州大学伯克利分校东亚图书馆"拓片古籍数字化计划"：加州大学伯克利分校东亚图书馆藏有丰富的中、日、韩历史文献。截至 2020 年 10 月，该项目已完成 200 多部古籍的数字化并发布，平台具有目录检索和关键词检索功能，可进行在线阅读。

（3）中华古籍善本国际联合书目系统（国家图书馆与普林斯顿大学等合作）：该系统由中文善本书国际联合目录项目演变而成，于 2010 年 5 月 20 日正式开通。中华古籍善本国际联合书目系统收录清乾隆六十年（1795 年）以前在中国印刷或抄写的中文古籍，著录内容包含著录编号、题名、责任者、版本类型、版本信息、装帧形式、载体形态、行款版式、存卷及补配情况、题跋钤印、附注、四部分类、收藏单位和典藏号等 14 项信息。

（4）哈佛大学哈佛燕京图书馆藏中文善本古籍特藏（国家图书馆与哈佛大学图书馆合作）：计划自 2010 年起逐步完成哈佛燕京图书馆的中文善本和齐如山专藏共计 4210 种古籍的数字化工作。截至 2020 年 10 月，发布 931 种古籍的数字影像。该平台支持简体中文、繁体中文、汉语拼音检索，系统设置了题名、责任者、出版时间、出版地、出版者 5 个检索字段，可阅览全文影像。

（二）欧洲汉文古籍数据库重要项目概述

（1）大英中国古籍联合目录（UK Union Catalogue of Chinese Books）：1980 年始，大英图书馆采用 MARC 建立"古籍简明标题目录"，主要收录 15 世纪用活版印刷的文献题录，同时收录部分中文古籍书目。后来，大英图书馆联合牛津大学、剑桥大学等 6 所大学、研究所建成大英中国古籍联合目录，该联合目录包括大英图书馆藏有的中国古籍 6 万多种及其他单位所藏的中文古籍，提供按关键词、作者、日期、图书馆等进行检索的功能，用户可输入中文或汉语拼音来查询书目，所得信息也用中文显示。

（2）国际敦煌项目（IDP，国家图书馆参与）：该项目是由大英图书馆发起的一个具有开创性的国际合作项目，目的是使敦煌及丝绸之路东段相关遗址出土的资源能在互联网发布，供用户使用。参与机构有中国国家图书馆、圣彼得堡东方学研究所、柏林勃兰登堡科学与人文科学院、法国国家图书馆、匈牙利科学院图书馆等。经过多年的努力，该项目在敦煌文献的保存与修复、数字化建设及资源共享方面取得了突出的成就，并建立了专题数据库对数字化的资源进行发布。截至 2020 年 10 月，世界各地的用户可通过该库检索浏览 534 980 幅的绘画、文物、历史照片。

（三）日本汉文古籍数据库重要项目概述

（1）最大的汉籍联合目录数字化系统——"全国汉籍数据库"检索系统：该系统旨在网罗日本国内的公立和私立图书馆、大学图书馆、科研单位等相关机构所典藏的汉籍书目，从而为读者提供统一、便捷的书目检索服务。它是日本目前参与机构最多、搜索范围最广的汉籍数据库系统。截至 2012 年，多达 35 家收藏单位的 62 万条数据进入该系统，并主要由京都大学人文科学研究所附属东亚人文情报学研究中心承担主要的运营与管理工作。

（2）东京大学东洋文化研究所所藏汉籍善本全文影像资料库：该研究所藏有大量中文典籍，包括原"东方文化学院"藏书、大木文库、仓石文库等，总数量有 10 万册，且有相当多的善本。该库主要收录了该所收藏的 3753 种古籍的全文影像数据，可以全文浏览。其所收录的藏本以明清古籍为主。其具有基本检索、进阶检索、分类检索、浏览检索的检索功能。基本检索即在文本框中输入关键词在整个资料库中搜索。

（3）日本国立国会图书馆珍罕古籍图像数据库：该库对中文古籍也做了整合，目前已有 3000 余件中文古籍可在该库检索阅读。

（四）国家图书馆汉文古籍数据库项目概述

很多古籍重点收藏单位都建设了自己的数据库，但是其规模较小，所提供的文献服务也非常有限。国家图书馆具有一定规模的大型数据库有：古籍特藏的所有目录检索（在 OPAC 系统中实现）；宋元善本、甲骨世界、碑帖精华、方志、家谱等数据库。

截至 2020 年 8 月，各数据库规模如下。

数字古籍：提供 20 558 部古籍的在线阅览。

数字方志：提供 6529 种的方志文献全文影像浏览。

中华寻根网：提供 3405 种的家谱文献全文影像浏览。

碑帖精华：提供馆藏石刻资源 26 246 余条，影像 31 000 余幅。

甲骨世界：提供甲骨实物影像 5932 幅；拓片影像 3177 幅。

此外，年画数据库有影像资源 302 种、老照片数据库有影像 3074 种等。

（五）古籍资源数字化现状分析

从目前国际范围内的古籍资源数字化项目来看，古籍资源数字化产品可以分为如下几个类型。

（1）书目型数字化产品：以最基础的藏品信息数字化为代表，辅以影像数据。

（2）提要型数字化产品：在编目型数字化成果上加入藏品深度标引信息以及相关研究信息的数字化产品。

（3）全文型数字化产品：提供古籍内容的全文内容，并有简单的节点浏览及关键词搜索功能。

（4）智能型的数字化产品（含校勘、辑佚、索引、系年、标点等知识重组功能）工具：例如，"全宋诗分析系统"中的智能格律标定工具，"全球寻根网"项目中的"五服图"自动生成工具，"资治通鉴分析系统"中的人物、职官、地理、事件的聚类工具，"中国文学史研读系统"中的知识自动推送功能。

不难发现，目前古籍资源数据库产品的数字化工作可以分为如下几个层次。

①藏品基础编目信息的数字化（含元数据的处理）。

②藏品影像数据的采集和处理。

③藏品全文的数字化。

④藏品信息的深层次标引。

⑤古籍资源数据内部的整理和联系（知识本体和知识模型的建立）。

⑥古籍研究成果的数字化及与古籍资源的联系。

对于图书馆用户而言，文献数字化的服务水平有三个层次。

第一层次是数据服务，即将文献的目录、影像或全文按照一定顺序提供给读者。

第二层次是知识服务，利用科学的、便于应用的知识管理体系将文献内容中的各类关键词加以统合、关联，把分散于不同媒介的深藏于文献内部的知识直接呈现给读者。

第三层次是知识服务加方法服务，即在提供知识服务的同时为读者提供快捷、正确的获取某类知识的方法。

文献数字化的发展是从第一层次向第三层次演进的过程，不同的单位基于自身发展方向和应用需求的不同，可以确定不同的层次作为主要目标，但是国家图书馆显然应该以第三层次的服务水平为目标。

由于古籍编目缺乏统一的国际标准，加之相关工作人员知识背景、学术认知、语言的差异，造成了数字化编目标准不统一的情况。目前，藏品的数字化编目存在如下主要缺陷：①缺少统一标准的编目规则；②缺乏严格的规范控制；③语言转换之间，术语难以划一；④缺少必要的知识管理体系，目录信息如同散沙，难以整合和重组。这些缺陷导致著录信息混乱、相互转化困难，对古籍资源的国际化整合造成了很多障碍。

与到馆看原书相比，数字资源存在诸多的信息缺失，这主要是古籍信息深层次标引工作没有深入开展造成的。藏品的各种深层次信息，如子目、版本类型、刻印类别、批校题跋、钤印、插图、刻工、分类、地理等都应该在数字化古籍中得到立体体现。这项任务仍然任重道远。

整体来看，古籍资源数据库水平仍然较低。当前古籍资源数字化的成果主要分为书目数据数字化和古籍全文数据库两种，水平都处于初级阶段，有待于项目设计和技术升级的双重拓展。这两种成果的局限如下。

①各大收藏单位的古籍书目数据处理一般都停留在卡片格式转化为机读格式的层面，存在很多问题：缺少目录组织，难以按类别查询；缺乏严格的规范控制，不利于书目信息的汇集、区分和引导；缺乏层级划分，各种书目信息混杂于一个层面，不利于准确检索。

②现有的古籍全文数据库主要停留在未加整理和标引的全文数据库基础之上，不但通用性差，不方便用户在同一界面检索，而且只能实现字词的简单检索，不能实现高级检索，知识关联和参照功能无法实现。

各大收藏单位在实现古籍数字化时采用不同的软件技术支持，这对资源共享很不利。此外，一些先进技术没有很好地应用于古籍资源的数字化，导致数字化的进程受到阻碍。

三、古籍数据库中的规范化数据

（一）优质汉文古籍数据库举例

目前海内外的汉文古籍数据库一般分为古籍目录数据库和古籍全文数据库两大种类。古籍目录数据库涉及的古籍种类较多，经常会以联合目录的形式出现，有利于读者快速寻找到古籍的版本及藏地。而古籍全文数据库一般以公布古籍全文影像为主，兼收古籍目录，虽然涉及的古籍种类数量有限，但是由于打破了空间的限制，让读者可以在网络上直接阅览古籍，因而最受读者关注。

如果古籍全文数据库包含了数量庞大的汉文古籍，那么其价值则极为重要。目前，备受称道的免费古籍全文数据库主要有中国国家图书馆的"中华古籍资源库"、美国哈佛大学的"燕京图书馆善本特藏资源库"、美国普林斯顿大学的"East Asian Library Digital Bookshelf"、日本东京大学的"东洋文化研究所所藏汉籍善本全文影像资料库"。这些单位发布的古籍数据库因图像清晰、编目审慎而成为汉文古籍数据库中的佼佼者。

（二）如何编辑规范的书目数据

规范的书目数据是古籍数据库中书目数据的基础，今据国家标准《信息与文献资源描述》（GB/T3792—2021）节选古籍书目数据编纂需要注意的诸条规范，以供参考。

6.1 一般规则

6.1.1 范围

题名和责任说明项包括正题名、并列正题名、其他题名信息和责任说明。这些元素在词汇表中定义，更多的说明性信息出现在每个元素的描述条款的开始部分。

6.1.3 规定信息源

6.1.3.1 取自规定信息源以外的信息，如果需要作为描述项中的一部分予以转录时，应置于方括号（〔 〕）中。相关说明可以在附注项给出。

6.1.3.2 各种资源的规定信息源如下：

c）古籍

规定信息源按如下顺序选择：

——正文首卷卷端；

——版权页、题名页、牌记、版心、序跋、其他各卷卷端；

——资源本身。

d）拓片

规定信息源为首题、中题、尾题、额题、墓志盖题及其内容。

e）手稿

规定信息源为首页、尾页及其他部分。

f）其他所有资源

规定信息源为资源本身、容器、文档、其他附件。

6.2 正题名

6.2.1 正题名是本项的第一个元素

正题名是本项的第一个元素，无论规定信息源上的正题名前出现何种描述信息，正题名仍应描述于本项之首。

6.2.5 正题名的转录

6.2.5.6 变异题名

出现在规定信息源上没有被选为正题名的变异题名（并列正题名除外），被视作其他题名信息处理。

出现在资源其他地方的变异题名可在附注项描述。

对于古籍：

正文各卷卷端所题题名用字、组词的详简、排列的次序不同，一般依正文首卷卷端所题描述，其他各卷卷端所题不同题名可在附注项说明。

示例 1：點評春秋綱目左傳句解彙鑴：六卷

　　　　附注：卷 2-6 卷端题名：點評春秋綱目句解左傳彙鑴

示例 2：明朝破邪集：八卷

　　　　附注：卷 3、8 卷端题名：聖朝破邪集

6.3 并列正题名

6.3.3 并列正题名的转录

6.3.3.4 没有总题名的资源。当资源由两种或更多的作品组成且没有总题名，并且每一种作品有并列正题名时，并列正题名应描述在其相应的题名之后。

对于古籍：

当资源由两种或更多的作品组成且没有总题名，并且每一种作品或任何一种作品有并列正题名时，并列正题名则按照资源上信息的顺序描述。

如果有一个适用于整个资源的规定信息源，并列正题名应按规定信息源上的顺序描述。如果没有适用整个资源的规定信息源，但每部作品有各自的规定信息源，这些规定信息源共同被视为一个信息源，并列正题名则按每一个规定信息源上信息的顺序描述。

在正题名和并列正题名之间、或在并列正题名之间的与题名和责任说明项相关的其他任何信息，应按首选信息源上信息的顺序转录，并且前置适当的规定标识符。

6.4 其他题名信息

6.4.1 其他题名信息的组成

其他题名信息由与正题名、并列正题名或资源所包含的各个作品题名前后出现并且从属于这些题名的词、短语或字符组成。

对于古籍：

题于规定信息源所提供题名之后的有助于识别该古籍的文字，均可作为其他题名信息描述于正题名之后。

示例 4：杞田集：半部或语潜州娱老四集类编：十四卷，遗稿一卷

示例 5：上谕条例：乾隆五十一年至六十年

对识别古籍题名有意义的语种、年代、地区、体裁等信息，必要时可自拟其他题名信息，描述于正题名之后，并置于方括号（〔 〕）中。

示例 6：翻譯易經：〔滿漢對照〕：四卷

示例 7：論行旗務奏議：〔雍正元年至十三年〕：十三卷

示例 8：順天府志：〔萬曆〕：六卷

示例 9：王氏族譜：〔新城〕

示例 10：無雙譜：〔畫傳〕

对于古籍、地图等资源：

对于古籍、地图等资源，卷数可作为其他题名信息描述。

示例 11：周易：經二卷，傳十卷

示例 12：與圖备考：十八卷

6.4.5 其他题名信息的转录

6.4.5.1 取自规定信息源的其他题名信息应描述在相应的正题名或并列正题名之后。

6.4.5.2 其他题名信息应该严格按照原题照录。

对于古籍：

a）正文卷数依正文卷端所题作为其他题名信息描述于正题名或并列正题名等之后。

示例1：四書章句集注：二十卷

示例2：周易：經二卷，傳十卷

示例3：輿图备考：十八卷

示例4：御刻三希堂石渠寶笈法帖：三十二卷

b）正文卷端所题以上下、上中下、天干地支、元亨利贞、六艺、成语、诗韵等作为卷次标识时，统计卷数应转换为汉字数码描述，并在附注项说明。

示例5：暗室燈：二卷，續增一卷

　　　　附注：本書目錄分：上卷、下卷

示例6：玉堂才調集：三十一卷

　　　　附注：本書版心按"東"至"麻"三十一個韻字分卷

c）正文卷端题为若干卷，其中全部或部分卷次又分出若干子卷，仍依正文卷端所题卷数描述，不计子卷。子卷情况可在附注项说明。

示例7：世說新語：三卷

　　　　附注：本書每卷内又分上、下卷

d）正文卷端以外的卷首（首）、卷末（末）、补遗、附录、目录等部分连同自身所题的卷数描述于正文卷数之后。

示例8：王右丞集：二十八卷，卷首一卷，卷末一卷

示例9：白氏長慶集：七十一卷，目錄二卷，附錄一卷

e）正文分章、节、回等，均以正文卷端所题描述。

示例10：紅樓夢：一百二十回．

示例11：水滸後傳：八卷四十回

f）正文卷端或正文卷端以外部分所题卷数与目录所题卷数不符，目录等处又未注明原因，以正文卷端或正文卷端以外部分所题卷数描述，并在附注项说明。

示例12：大清律例通考：四十卷

　　　　附注：目錄题39卷。

g）正文卷端或正文卷端以外部分所题卷数与目录所题卷数不符，

目录已在有关卷次下注明"待刻""嗣出""原缺（阙）""未成"等字样，依目录所题卷数描述，并在附注项说明。

示例 13：東塾讀書記：二十五卷

> 附注：目錄題 25 卷，卷 13-14、17-20、22-25 下注明"未成"。

示例 14：碻庵文稿：四十卷

> 附注：目錄題 40 卷，卷 11、17-40 下注明"嗣出"。

h）残书依全书原卷数描述。实存的卷数和卷次在附注项复本附注中说明。

示例 15：史記：一百三十卷

> 附注：存 126 卷：卷 5-130。

示例 16：新刊監本冊府元龜：一千卷

> 附注：存 8 卷：卷 249、251-254、261-262、276.

i）丛编和分丛编的总卷（集、编、辑、帙、函）数、子目种数依规定信息源中所题描述。

示例 17：皇清經解：一千四百卷

示例 18：津逮秘書：十五集

示例 19：粵雅堂叢書：三编三十集

示例 20：小方壺齋輿地叢鈔：十二帙，補編十二帙，再補編十二帙

示例 21：函海：四十函

示例 22：昭代叢書；甲集五十卷，乙集四十卷

示例 23：龍岡山人古文尚書：四種

j）丛编和分丛编的总卷（集、编、辑、帙、函）数、子目种数如已包括在丛编正题名之中，则不需在丛编其他题名信息或分丛编其他题名信息中重复描述。

示例 24：大興徐氏三種

示例 25：六藝堂詩禮七編

k）正文内容分为若干部分，各部分前有大题（卷目），页（叶）次起讫分明而未标卷次者，可合计其卷数描述。

示例 26：祁門金吾謝氏宗譜：四卷

注：该谱"祁門金吾謝氏宗譜 統宗圖系"为第 1-6 叶，"祁門金吾謝氏宗譜 孟宗圖系"为第 1-37 叶，"祁門金吾謝氏宗譜 仲宗圖系"为第 1-27 叶，"祁門金吾謝氏宗譜 季宗圖系"为第 1-67 叶，合计为四卷。

1）正文内容完整，首有大题、末有尾题（或仅有大题）者，不论篇幅多寡，均描述为"一卷"。正文内容虽分为若干部分，各部分或标有小题（如"五古""七古"等），或页（叶）次分别起讫，但未分别标明卷次者，可描述为"不分卷"。

示例 27：說文徐氏未詳說：一卷

示例 28：兩浙裁減全書：不分卷

6.4.5.6 共同题名和从属题名

当资源的正题名由共同题名和从属题名组成时，与从属题名相关的其他题名信息应描述在从属题名后。与共同题名相关的其他题名信息描述在附注项。

示例：李可染的世界．牧牛篇：临风听蝉

对于古籍：

当正题名由共同题名和从属题名组成时，如果需要描述其他题名信息，则应按照规定信息源上出现的顺序描述。

6.4.5.7 并列正题名和并列其他题名信息

6.4.5.7.1 当规定信息源上出现不同语言或文字的一个或多个并列正题名和其他题名信息时，其他题名信息应描述在各自相关语言题名之后。不对应于正题名或并列正题名的其他题名信息可以在附注项描述。

对于古籍：

其他题名信息按规定信息源上的顺序描述。

6.5 责任说明

6.5.1 责任说明的组成

责任说明由对所描述资源中所包含的作品的知识内容或艺术内容的

创作或实现负有责任或作出贡献的任何个人或团体的识别和／或职能相关的一个或多个名称、短语或字符串组成。

6.5.5 一个或多个责任说明

6.5.5.4 与附录和其他补充资料或附件相关的责任说明应作为其他责任说明描述在与整个资源或资源的主要部分相关的责任说明后面。出现在资源上但不是出现在规定信息源上的与附录和其他补充资料或附件相关的责任说明，若有必要，可以在附注项描述。

对于古籍：

附录和其他补充资料的细节按规定信息源上的顺序转录。出现在责任说明前或在没有单独的责任说明的情况下的此类说明作为其他题名信息，而出现在责任说明后的此类说明作为其他责任说明。如果它们取自资源上的共他地方，此类说明描述在与整个资源或资源的主要部分相关的责任说明后，或省描述在与该说明相关的责任说明后。

示例：爾雅注疏：十卷，校勘記十卷／晉郭璞，宋邢昺撰；阮元撰校勘記

6.5.6 责任说明的转录

6.5.6.1 责任说明的转录规则

6.5.6.1.2 出现在资源其他地方的责任说明，应描述于附注项。如果认为需要描述在题名与责任说明项，应置于方括号内。取自资源之外的责任说明只能在附注项描述。

对于古籍：

正文首卷卷端所题责任说明不能代表全书或未题有责任说明时，应依次从其他各卷卷端、各卷卷末、目次、凡例、题名页、版心、序跋、原印书签及资源中其他部分选择适当的责任说明描述，不加方括号，并在附注项说明。

示例2：周曾魁校正易經大全：二十卷／胡廣等纂修；周士顯校正
　　　　　附注：卷一卷端被改竄為：陳太史校正易經大全，長洲明卿陳仁錫校正。

示例 3：幾何原本：六卷 /［歐幾里得撰］；泰西利瑪竇口譯；徐光啟筆受

　　附注：此書（希臘）歐幾里得撰；利瑪竇 Matteo Ricci，1552 1610，義大利人，天主教耶穌會傳教士。

示例 4：讀易備忘：四卷 / 黃潛翁著

　　附注：責任說明據卷 2、3、4 卷端著錄。黃克復？ -1539，初號毅齋，晚年號潛翁。

規定信息源中未提供責任說明，但可由其他資源查考出時，描述查考而得的责任说明，并置于方括号（［ ］）中，同时在附注项说明来源。

示例 5：易因：二卷 /［李贄講］；［汪本鈳記］

　　附注：責任說明據李贄講《易因小序》及汪本鈳撰《哭李卓吾先師告文》著錄。

6.5.6.1.5 个人名称后面的学会会员、学位等的缩略语，或职位、资格等说明，如果在语法上有必要或者对于识别该个人或说明其活动的背景有必要，应照录。在其他情况下，这些词汇或说明不作为责任说明的一部分，应予省略。

对于古籍：

責任說明包括責任者朝代（国别）、名称和責任方式等信息，按规定信息源上的顺序描述。信息源上出现的姓名以外的籍贯、职衔或字号等信息，不予描述。

示例 1：水經注：四十卷 / 漢桑欽撰；後魏酈道元注；明吳琯校

示例 2：東坡先生詩集注：三十二卷 / 宋蘇軾著；宋王十朋纂集

注 1：原題：宋眉山蘇軾子瞻著；宋永嘉王十朋龜齡纂集。

示例 3：京氏易傳：三卷 / 吳陸績注；明范欽訂

注 2：原題：吳郁林太守陸績注；明兵部侍郎范欽訂。

示例 4：代微積拾級：十八卷 / 美國羅密士撰；英國偉烈亞力口譯；李善蘭筆述

6.5.6.1.9 多个责任说明的转录顺序应依据规定信息源上责任说明的

排版顺序，而不是各种说明所隐含的责任范围或程度。如果责任说明不是取自规定信息源，如果有适用的逻辑顺序，原则上按责任说明的逻辑顺序描述，并置于方括号内。

对于古籍：

出现在资源上但并非规定信息源上的责任说明，如果描述在题名与责任说明项，应按所采用信息源上责任说明的顺序描述，并置于方括号内。如果采用了多个其他信息源，原则上按逻辑顺序描述。这种情况也可以描述于附注项。

6.5.6.2 并列正题名和并列责任说明的转录

6.5.6.2.1 规定信息源上出现一个或多个并列正题名和 / 或并列其他题名信息说明，并且也有多于一种语言或文字的责任说明时，每个责任说明应描述在同语育的题名或其他题名信息之后。

对于古籍：

各种并列正题名和并列责任说明按照规定信息源上信息的顺序转录。

6.5.6.2.2 如果无法将责任说明分别描述在每一题名或其他题名信息之后，应将责任说明一并描述在最后的并列正题名或并列其他题名信息之后。每个并列责任说明前置空格、等号、空格（＝）。

6.5.6.2.3 规定信息源上出现一个或多个并列正题名和 / 或并列其他题名信息说明，但是仅出现一种语言或文字的责任说明，应将其描述在最后一个并列正题名或并列其他题名信息之后。

对于古籍：

责任说明应描述在与其关联的题名或其他题名信息之后。

6.5.6.2.4 规定信息源上出现多种语言或文字的责任说明，但是没有并列正题名，只描述与正题名语言或文字相同的责任说明。如果该规定不适用，应根据规定信息源上责任说明的排版顺序描述。不同语言或文字的责任说明之间使用空格、等号、空格（＝）分隔。

对于古籍：

所有责任说明描述在正题名和任何其他题名信息之后。

6.5.6.3.2 如果各个作品具有不同的责任说明，应将每一责任说明分别描述在与其相关的题名、并列正题名和其他题名信息之后。

对于古籍：

如果除补充资料以外的各作品不知道是否为同一个著者，题名、并列正题名、其他题名信息、责任说明应按规定信息源上的顺序描述。

6.5.6.3.3 如果多个作品中一些作品有相同的责任说明，应将责任说明描述在与其相关的所有题名之后。

对于古籍：

责任说明应按规定信息源上的形式和顺序转录。

6.5.6.3.4 如果各个作品具有各自的责任说明，而规定信息源又具有适用于整个资源的责任说明，适用于整个资源的责任说明应描述在所有其他责任说明之后，并前置空格、分号、空格（；）；同时，还应以附加连接词或短语的方式明确最后描述的责任说明和前面所转录的说明之间的关系，附加的词语应置于方括号内。如果附加连接词或短语在语言上不适用，可将责任说明的相应部分和／或解释说明在附注项描述。

对于古籍：

对应于整个资源的责任说明应按规定信息源上的顺序描述。如果个人或团体名称与个别作品之间的关系不清楚，应在附注项说明。

6.5.6.4 共同题名和从属题名

当正题名由共同题名和从属题名组成时，将与从属题名相关的责任说明描述在从属题名之后。与共同题名相关的责任说明描述在附注项。

对于古籍：

责任说明应按规定信息源上的形式和顺序描述。如果有疑问，或者如果责任说明与整个正题名相关，可以在附注项说明。

（三）古籍数据库的书目数据与对象数据标准

古籍数据库中的古籍数据分为两大主体部分，一是对象数据，二是元数据。对象数据是古籍的影像数据，简单直接地复制了古籍的实体部分，向读者提供古籍的数字影像。元数据又称作 metadata，意为 data about other data，是对古籍对象数据的描述。其描述内容范围包括书目信息描述、结构描述、来源描述及存储描述等。元数据的作用非常重要。它是描述信息资源或数据等对象的数据，可以识别资源、评价资源、追踪资源在使用过程中的变化，实现大量网络化数据的简单高效管理，实现信息资源的有效发现、查找、一体化组织和对使用资源的有效管理。

国家图书馆既有自建数据库资源，也承办过其他机构古籍数据库的数据加工工作。多年来，已经形成了一套数据建设标准，下文将简要介绍一下。

1. 古籍对象数据加工标准

（1）对象数据命名规则

［注：扫描存储文件（TIFF 格式）与其相应的发布文件（JP2、PDF 等格式）命名规则相同，这里仅以 TIFF 格式文件为例。］

1）加工编号命名规则：古籍加工编号是数字化加工过程中一种古籍的唯一标识号，由 10 位流水号组成，第一位为古籍代码 X，第二位为中文语种代码 1，第三至六位为年份，第七至十位为加工序号，例如 X120150026，表示《龙威秘书》［清乾隆五十九年至清嘉庆元年（1794—1796 年）石门马氏大西山房刻本］。一般情况下，每种古籍的对象数据目录结构分为两层——书文件夹和册文件夹。书文件夹用 10 位数字表示，册文件夹用 4 位数字表示，叶（筒子叶）文件保存在册文件夹下。一个册文件夹下包含若干叶文件的图像文件，按三位加工流水号处理。

2）特殊处理。

①原件有粘贴物，先将原件与粘贴物（粘贴物覆盖于文献）一起扫描，然后将粘贴物掀开，再次扫描原件。文件命名方式为 3 位数字 + 小写字母（3 位数字为原件内容的顺序流水号；小写字母，从 a 开始，顺序命名）。

②一叶古籍过大，分多画幅拍摄时，文件命名方式为 3 位数字_2 位数字（3 位数字为原件内容的顺序流水号，2 位数字为该图多画幅顺序号，从 01 开始连续命名）。

增加"附加"子目录，保存拼接后的图像，文件命名方式为 3 位数字（3 位数字为原件内容的顺序流水号）。

（2）图像扫描、格式存储标准

扫描色彩标准	扫描分辨率	成品存储格式		扫描色彩标准
		存档格式	发布格式	
RGB 24 bit	400 dpi	无损压缩 TIFF（LZW）格式，后缀为 tif	400 dpi 分辨率，压缩因子为 CF=50 的 J2K 压缩，最终生成 JP2 和 PDF 格式	RGB 24 bit

（3）图像扫描加工规则

古籍一般使用非接触扫描仪扫描且一般不拆书。确需拆书扫描时，扫描仪盖板内要加衬与古籍叶面颜色相近的衬纸，避免扫描时透光。扫描影像要求图像清晰，不透字。扫描时应配有色卡、标尺等工具。

JPEG2000 格式和 PDF 格式文件需要加水印，水印位置为每叶书的固定位置，一般可选用中间位置。

若一叶古籍过大，分多画幅拍摄时，其 TIFF 格式保留原始多画幅图像及拼接后图像、JPEG2000 格式和 PDF 格式图像均保留拼接后图像，确保拼接文件与原始古籍的样貌基本一致，无重影，拼接处无明显歪斜变形。

影像数据真实反映原书，以原书的上边沿为基准，以中缝为中心线，保持原书的天头、地脚的尺寸不变，左右两边的尺寸基本不变，扫描后的影像文件要叶码连续，没有重叶、缺叶、错叶、折叶等情况（原书缺叶、错叶、折叶除外）。补扫缺叶图像要与正本图像大小一致，颜色接近。

（4）图像处理质量要求

扫描后进行必要的去图像黑边、图像拼接等处理，图像拼接后不得有明显的拼接痕迹。图像偏斜不超过 1°，除特殊情况外，每种书扫描后每叶影像尺寸大小相同，误差小于 1‰。

古籍拆书扫描时，要用点填充的方法填充针眼。填充色要与原底色自然融合，无明显分界，绝不可以对边界四周大面积涂抹。原书有大面积的残缺时，直接保留扫描底板的颜色，可不做处理，但要保持该叶与其他叶大小一致。边框内的残缺、虫蛀一般情况不做处理。

古籍不拆书扫描时，要填补装订线以外的部分，与原书尺寸、颜色、纹理等基本保持一致，无明显分界。原书有大面积的残缺时，要酌情添加衬纸（与原书的颜色接近），避免透光、透字。

按照扫描工作单的要求，没有封面或题签的进行统一添加，要求保持古籍风貌，与原书的颜色、字体、风格等保持一致。

（5）对象数据留白问题

古籍翻开后的幅面在不断变化。为了保证每一种古籍的所有书叶在尺寸上保持一致，根据实际情况，保存级对象数据的图片应当保留原始的扫描留白，建议按 1～3 cm 留白，慎重采用 5 cm（使用前宜进行必要性评估）标准。发布级对象数据的留白取舍应以不影响原件内容完整性为前提，通过对几个古籍项目的考察，建议参考 2～10 mm 留白标准，以体现原件的完整性。

2.古籍数字资源元数据加工标准

古籍数字资源元数据采用 MARC 格式著录。描述数字资源的文献内容特征的信息、数字资源特征的信息、数字对象的管理信息、数字资源分类体系的标引信息。

001 记录标识号（必备）

著录数字馆藏元数据标识号。

100 通用处理数据（必备）

@a 子字段字符位置 9-17 所著录内容用于发布页面时间分类导航。

著录授予年代，使用公元纪年。

101 文献语种（必备）

102 出版或制作国别（有则必备）

@b 出版地区代码著录出版地的行政区划代码（标准采用 GB/T2260—2007《中华人民共和国行政区划代码》）。

135 编码数据字段：电子资源（必备）

按《新版中国机读目录格式使用手册》中的规则取值。

200 题名与责任说明（必备）

不著录 @b 一般资料类型标识。其他项与古籍实体的 MARC 格式书目信息的 200 字段保持一致。

210 出版发行等（有则必备）

@d 出版、发行时间著录印本文献的出版时间。

不确定具体的出版年，应著录规范的朝代名称；可确定具体的出版年，应同时在 100 字段字符位置 9-17 著录公元纪年。

281 字段（必备）

著录 @a 内容形式，取值为"文本"。

282 字段（必备）

著录 @a 媒体类型，取值为"电子"。

307 载体形态附注（必备）

在本字段中著录文件格式、扫描分辨率等数字资源的特征。

著录内容须前置规范导语。

如有多条附注，则重复本字段。

324 原作版本附注（有则必备）

在本字段中著录数字版本的原版本信息。

前置规范导语：复制自。

337 系统需求（电子资源）（有则必备）

著录有关电子资源技术细节的信息。

数字馆藏元数据的著录对象为发布级别的数字对象。

452 另一载体的其他版本（有则必备）

著录馆藏实体资源记录标识号，并在记录标识号之前增加（NLC01）。

801 记录来源（必备）

著录数字馆藏的记录来源。

830 编目员一般附注（有则必备）

著录数字馆藏所属数据库名称。

856 电子资源地址与检索（必备）

@u 统一资源标识著录发布地址。

@9 子字段中著录 CDOL

3.古籍数据库标引文件（XXXX.mdb）加工标准

①古籍数据库名称：XXXX。

②古籍数据库标引文件的格式：access 格式文件，后缀为 .mdb。

③古籍数据库标引文件的内容：古籍数据库标引文件包括 book 表（书目信息表）、catalog 表（卷目信息表）。

④各表结构及字段命名说明（按照国家图书馆资源规范建设的统一要求，部分字段使用繁体字）。

4.古籍数据库标引文件加工规则

①所用文字为通行繁体字。

②数据库标引文件以 MDB 格式提交。

③文字错误率不超过 0.3 ‰。

④标引文件与图像文件位置准确、标引信息准确并真实反映文献原貌。

⑤书目数据、卷目数据和图像数据的链接准确一致。

5.古籍数据库质量要求

古籍数据库标引是指导读者使用影像库的必备工作。要求在标引工作中做到准确、客观、实用。

（1）准确

①链接准确：标引词（古籍目录中的卷数、卷名）与标引对象（图像文件与卷数、卷名相对应的正文）正确结合。这是标引工作的基本意义和基本要求。只有经过准确链接的目录才对读者有指导阅读的作用（这里的卷名不仅指与卷数相对应的名称，也包括卷以下所属类目名称）。

②文字准确：版刻古籍文字中存在较多的错字、别字、异体字。标引录入时要兼顾字义、字音、字形诸因素。难以确定的文字应结合与该字相配的词组，分析比较词意，取用表意准确的字。难以确定或使用现有字库无法录入的文字，做好记录，由专业人员统一处理。

（2）客观

标引时客观反映原书类目名称的含义与形式。是繁即繁、是简即简。目录类名与正文类名不一致时，仍以正文为准。二级书目（丛书或为四级）一律取自正文，目录作为参考，各级类目与相应的起始叶一一对应。

（3）实用

古籍目录和类名的多层次、多样化，会在很多细节上难以把握，也难以硬性规定其取舍。因此，标引人员应从用户的角度分析判断，做到实际使用中的方便、合理。

第三章　图书馆古籍数字化项目的空间与设备规划

第一节　空间规划

古籍数字化项目一般包括项目规划、项目预算、项目标准和指南、项目执行和项目管理几部分内容。不论是数量不同的出版项目，还是专题或大型文献数据库建设等，都必然包括这些内容。

项目规划首先要考虑馆藏资源类型及项目用户评估情况，根据调研结果，对文献选目和数量进行合理化修订，根据市场需求调整优先级，确认所需设备和技术，准备好各类办文材料（包括选定的加工公司资质、责任制度、文献安全使用管理办法、数字资源加工标准与管理办法等）。

项目预算也属于项目规划的重要内容，包括完成整个项目所需的总金额，以及计时或计量统计的明细。预算过程中不仅要考虑设备、人力、场地、用电等成本，还要考虑数据安全管理中所需要的中转存储设备、灾备等费用，以及不可预见费用。

项目标准和指南，可以根据项目涉及的具体文献类型选定，例如：图像数据库所要求的元数据标准、图像加工和存储标准、存储设备、字符集要求等；书目数据库要求的格式、内容、标引依据和字体标准等。在项目申报之初，规划、预算和标准都要经过层层报批。项目设立后，为如期完成项目规划，最重要的就是项目执行和项目管理。

一、场地要求

数字化采集工作室的场地要求，包括基本的环境条件和场地布局。

首先，数字化采集工作室的环境条件。最适宜的环境是光线可控，能够定期通风。距离库房远近适宜，最好是在同一层或者有电梯直达，以便于取、归藏品。

其次，数字化采集工作室的场地布局。在实施一个数字化项目之前，要准备适合的作业场地。一般而言，场地要求满足五个条件。

第一，建议空间层高大于 2.6 m，以满足扫描仪安装的需要。目前古籍馆常用的设备中有几款大型设备，如 Rencay 轨道式拍照设备，尺寸为 3.4 m×2.7 m×2.4 m（长 × 宽 × 高）。层高太低，会影响设备散热，甚至无法安装。

第二，地面平整、阻燃。尽量不使用地毯，以便古籍文献在各个作业区内安全转移和取用。

第三，适宜的环境光。拍照设备最好有暗室，扫描仪作业期间，最好关闭垂直灯光，以营造稳定的拍摄环境。

第四，核实所有拟布局的用电设备的准确功率和工作室的电路承载能力。设备包括扫描仪、照相机、电脑、空调、加湿器、净化器等，所有设备功率之和不能超过全屋电路总功率，以防止发生事故。

第五，最好有窗户，可以定期通风散热。保证空气换新，避免尘螨积聚，危害工作人员身体健康。

满足上述场地条件后，根据工作量和进度要求，一个工作室内可以布置一台或多台数字化设备和工作人员工位。

二、设备安置

古籍数字化有不同方式，不同方式要求的设备也有不同。目前国家图书馆主要应用的数字化方式包括缩微、拍照和扫描等。每种数字化方式都有品牌各异、功能不同、设置不同、价位不同的设备选择。如何遴选最适合古籍数字化的设备也是项目管理者需要考虑的问题。

以扫描方式采集数据的数字化加工工作室内，一般包括如下设备。

1. 数字化加工设备

①扫描仪及连接电脑、质检电脑、图像处理电脑。也就是说扫描仪和电脑的配置应是 1∶2 或 1∶3 的方式。

②为稳定环境光配置的遮光窗帘等。

2. 办公设备

办公设备包括扫描设备所用的大型工作桌、修复或衬纸工作台（要求有抽屉）、管理员和图像采集、图像处理、图像质检人员电脑桌。

3. 办公家具

办公家具包括文献保险柜、光盘和硬盘存储柜、线材和其他耗材存储柜等。在休息区还应该配有人员更衣柜。

4. 日常办公设备

日常办公设备包括电话、饮水机、台灯等。

此外，可根据需要考虑配置监控设备。

三、布局规划

准备好适当的空间和设备后，可以考虑规划工作室布局。整个工作室可分为几个功能区。

藏品前整理区（含修复）：藏品进入数字化工作室后，由管理员复查书况，分配加工设备、安排部分透字文献衬纸等。此项工作可以在前整理工作台完成。一些小开本的设备分配也可以在书车上简单处理。

藏品保管区：主要是指非加工状态的藏品，要随时收入藏品保险柜。暂存数据的光盘和硬盘在非使用时，也要锁入光盘柜和硬盘柜。

数字化加工区：包括扫描区、质检区、图像处理与数据存储。

各工作区质检要有一个容纳书车通过的通道，以便 3 册以上的藏品可以使用书车在不同区间移动。

如果场地紧凑，也可以根据实际工作量，采用紧凑型的布局方式。空间有限，可以取消一个管理员工位。如果空间过小，无法使用书车，在不同工作区移动藏品，最好是 3 册以下，以便管理员手执藏品进行分配。

无论哪种布局，数字化工作室内均未安放更衣柜和饮水机。这是因为藏品使用区域内不许饮水和放置个人背包。更衣柜和饮水机通常放在距离数字化工作室不远的另外一个辅助工作室内，位置可以相对或相邻。如果场地局促，做好设备使用登记后，部分图像处理人员可以在辅助工作室内工作。

第二节　缩微技术

一、技术背景

1837 年，法国人达盖尔（Daguerre）成功地发明了一种摄影术，其基本方法是让一块表面有碘化银的铜板曝光，然后以水银蒸汽，用食盐溶液定影，成为永久性影像。据此，达盖尔制作了世界上第一台照相机，由镜头、光圈、快门、取景器和暗箱等部分组成。自此，以拍照方式记录事件、人物、文献，成为越来越便利的方式，应用也日益广泛。

缩微技术经历了百余年历史，记录数据的载体和加工设备已日益成熟稳定。缩微文献具有保存时间长、质量稳定的特点。原始资料经缩微处理，配合标准的储存环境，较少发生褪色、虫蛀、发霉及破损等现象。

1927 年，美国国会图书馆开始将珍藏的图书资料制作成缩微胶片。1985年，我国文化部成立了全国图书馆文献缩微复制中心，也开始了重要文献的缩微胶片制作。2007 年，《国务院办公厅关于进一步加强古籍保护工作的意见》（国办发〔2007〕6 号）明确提出古籍保护的主要任务和基本目标，强调指出："积极采用缩微技术复制、抢救珍贵古籍。"国家图书馆大部分的善本古籍，也以缩微胶片制作的方式，进行了数字化加工。

从加工设备来说，包括拍照设备、胶片冲洗设备、接片机等；从使用设备来说，可利用便携电子显微镜、缩微阅读器等查阅。此外，有多家公司推出了缩微胶片扫描仪，使胶片可以还原为数字图像，使用电脑终端进行阅览。

二、信息时代缩微技术在古籍数字化中的优劣分析

在计算机技术、现代通信技术及网络存储技术快速发展的今天，磁盘存储以其存储容量大、检索速度快、取用便捷、共享范围广等优势，在信息存储和检索方面得到了广泛的应用。这对缩微技术来说是很大的冲击。缩微技术虽然发展了 100 余年，但是存储容量较小、图像清晰度有限、检索速度慢、

图像还原程序复杂、取用不快捷、共享性不强。然而，这些不便并不能结束缩微技术在古籍数字化中的生命。缩微技术在古籍数据长期保存方面还有着明显的优势。

第一，缩微胶片更适合长期保存。无论是云存储、磁盘阵列还是光盘，在备灾条件下实现长期的保存，寿命只有 10 年左右，其间还需要通电维护。缩微胶片的存储则比较简单。国外曾有试验表明，常态下缩微胶片的寿命可以达到 500 年。从现行效果看，国外 19 世纪 40 年代制作的胶片现在大多保存完好。

第二，缩微胶片在实现长期保存上更经济。目前，要在技术上实现硬盘数据的长期存储，必须投入大量的资金维护和更换硬盘，才能实现数据的持续保存。以磁盘阵列 200 TB 的数据量为例，10 年的存储维护费用高达百万元。而缩微胶卷则只需要投入前期制作费用就可以了，维护费用主要是仓储的费用。

第三，缩微技术信息安全性强。网络信息时代，计算机病毒、黑客攻击、硬件损坏等原因都会造成硬盘数据的损坏和丢失，但是缩微胶卷就不会面临这样的威胁。而且计算机技术日新月异，技术的发展导致数据读取软件更新很快，高级的软件有时不能向下兼容，就会导致原来的图像数据无法读取。但是缩微胶卷的读取原理十分简单，靠的是光影成像原理，即使没有任何设备，用足够倍数的放大镜也可以直接阅读。

所以，古籍收藏单位应该认识到保管是利用的前提，缩微技术仍然是古籍数字化工作中不可缺少的一个部分。

第三节　数码照相技术

一、技术背景

与缩微技术一样，数码照相的基本原理仍然来源于光学成像技术。目前获取古籍影像数据较为便捷的方式之一为数码相机的拍摄方式。银盐影像的成像与存储是由同一感光材料介质完成的，而数字影像的成像与存储介质是分离的。数字相机中的 CCD/CMOS 感光后，将光信号转换为模拟信号，再经过模／数转换，计算生成数字影像文件存储在存储卡里。

数字影像文件的二进位制编码方式与计算机系统是一致的。数字影像文件可在计算机上进行显示、处理、复制、传输，其文件格式是可以在计算机图形图像处理软件中进行操作的图像文件格式。使用数码相机拍摄，在数码相机的像素确定的前提下，首先要设置影像存储的格式。存储格式又与文件大小相关。文件存储格式和大小与数字影像品质紧密相关。同时，数码相机所能达到的像素量是影像文件品质的决定性因素。

一般的民用数码单反机，有效像素在 3000 万左右。那么要实现 400 dpi 的分辨率，其画幅大致为 10 in × 18 in，即 25 cm × 45 cm。这样的幅面只适用于较小开本的古籍。如果古籍的筒子叶幅面在这个范围之外，那么就只能多次拍摄并拼图了。显然，这是一种不经济的数据采集方式。古籍数字化必须要求以更大有效像素的数码相机作为数据采集设备。

对于古籍数字化来说，要保证 400 dpi 分辨率以上的图像画质，必须使用带有数码后背的数码相机。数码后背主要是由图像传感器和图像处理器组成的，数码后背并没有数码相机的相机镜头与相机快门，只能配合中画幅（或大画幅）数码相机使用。数码后背可以明显提升相机的拍摄效果，是一种画质增强型配件。

目前专业级别的数码影像产品采用的图像感应器为 CCD（电荷耦合器件）模式。数码后背采用未压缩的图像格式，为未来处理图像打下了基础。无论是锐度、层次、高光、暗部还是色彩还原，数码后背都为后期进一步还原和处理数字图像带来了质量保证。截至目前，数码后背的发展已经有了重大突破，有些公司开发的数码后背有效像素量已经达到了 1.5 亿。不过对于古籍来说，8000 万到 1 亿像素量的数码后背就已经满足大部分古籍的开本需要了。

二、技术要点

（一）拍照系统的三种数字影像存储格式

常规使用的数字影像文件存储格式有三种：JPEG、TIFF、RAW。

JPEG 的英文全名是 joint photographic expert group（联合图像专家组），它是一种有损压缩格式。JPEG 的特点是文件比较小，可以进行高倍率的压缩，是目前所有格式中压缩率最高的格式之一。JPEG 在压缩储存量的同时，也使丢掉的原始图像部分信息无法恢复。所有的数码相机，无论是低端卡片机、数码单反还是数码后背，都设置 JPEG 有损压缩存储格式。按照压缩比不同所产生的图像质量也不同，在相机上体现为"L""M""S"，或者中文显示"精细""标准""基本"。压缩比例越大文件量越小，影像质量越差。

TIFF 的英文全名是 tagged image file format（标记图像文件格式），它是一种无损压缩格式，记录信息多、文件量大、影像质量好。TIFF 格式便于应用程序之间和计算机平台之间进行图像数据交换。针对苹果电脑和 PC 电脑的不同，大部分图像处理软件都可以运行。TIFF 格式的软件通用性好。但是，目前的数码相机很少直接设置 TIFF 格式，因为 TIFF 格式文件占有空间大、存储速度慢。TIFF 格式更多是在电脑平台上进行影像调整时使用的文件格式。

RAW 是相机原始文件格式。它记录未经处理的传感器的原始数据，是一种无损压缩的存储格式。它相当于胶片时代的底片，具有影像"数字底片"的性质。数码相机如果设置有 RAW 格式，表示它是具有高像素、高分辨率、专业性能强的相机。不同的相机厂家给 RAW 格式的命名不同。比如尼康相机的 RAW 格式文件后缀为 .NEF，佳能相机为 .CR2、.CRW，富士相机为 .RAF，索尼相机为 .ARW，哈苏相机为 .3FR，宾得相机为 .PEF，飞思相机为 .IIQ。

由于 RAW 格式文件记录的只是一个原始的数据组合，它只起到存储影像的作用，还必须经过专门的计算机图形图像处理软件解压缩转换为通用格式，才能在各种终端上广泛应用。如同将负片印制成正片一样，将影像还原出来便于后期影像处理。RAW 格式记录的原始数据值包括焦距、ISO（胶片感光时的速度）、快门时间及光圈值，在后期解压缩重新生成 RGB 影像的过程中有较大、较自由的控制空间，大部分参数都可重新设置，如画面像素、白平衡、色彩空间、色调、影调、锐度、颗粒度及锐化和降噪，甚至进行曝光基准点的重新设定。一般来说专业摄影师会选择影像质量好的 TIFF 格式作为转换后的数字文件格式。

要想将照片进行冲印、上传各种终端的日常应用，就要将 RAW 格式照片转换为通用的 JPEG 格式或 TIFF 格式。不同品牌的数码相机拍摄的 RAW 格式照片还是有一定区别的，对于格式转换，应该优先使用相机厂商提供的转换软件。例如：常见的佳能数码相机，拍摄出的 RAW 格式照片要使用佳能 Digital Photo Professional 软件进行转换。尼康数码相机摄出的 RAW 格式文件用尼康 Capture 系列软件进行转换。索尼数码相机摄出的 RAW 格式文件使用索尼的 Image Datasute 软件进行转换。对于不同品牌和不同型号数码相机拍摄的 RAW 格式照片，也可以使用通用的软件进行处理和转换。其中最为常见的就是使用 Photoshop 软件自带的 Camera Raw 插件。但是如果出于专业选择，Adobe 公司的 Lightroom 软件和飞思公司出品的 Capture One Pro 也是专为 RAW 格式照片处理和转换而研发的。这些软件都可以将 RAW 格式的文件直接全彩显示，并提供文件格式的转换选择。从专业领域来说，公认较好的软件是 Capture One Pro。

遇到转换软件不能打开数码相机拍摄的 RAW 照片的情况时，有可能是相机的型号超出了软件的支持范围。要解决这个问题，就要到各个软件的网站下载升级程序，对 RAW 转换软件进行升级。

（二）整体型数码后背与扫描型数码后背的区别

数码后背式相机是由数码成像部件构成的专用后背，与传统可换后背的胶片成像式相机机身连接而形成。后背式相机最大的特点就是成像质量高。这得益于后背式数码相机具有超高的 CCD 像素和大尺寸 CCD 面积，以及高品质的成像镜头。古籍数字化正需要这类产品的技术支持，才能获得清晰并接近原貌的画质。根据成像方式，后背式数码相机通常可分为整体曝光型和扫描曝光型两种方式。

整体曝光型数码后背相机采用面阵型 CCD，曝光一次即可完成对被摄体的拍摄，这类数码后背适合静态与动态对象的拍摄，是目前使用最多的数码后背相机，也是最早应用于艺术品复制领域的图像采集设备，适合非特殊开本的古籍、非平面展开的古籍（如敦煌卷子）、非平面材质的藏品（如甲骨）的影像采集。

扫描曝光型数码后背相机，又称为数码扫描式后背相机，采用线型 CCD，通过逐次扫描曝光对被摄体进行拍摄，只适合拍摄静态对象，能获得超高分辨率的数码影像。扫描型数码后背若和其他部件集成，可变成移动式扫描系统，能满足超大开本的古籍特藏品的图像采集，如大型地图、拓本等。

（三）整体型数码后背拍照系统的搭建

数码后背主要附加在中画幅相机或大画幅相机上使用，使原本使用胶片的相机也可以进行数字化拍摄。与传统数码单反相机相比，搭载了数码后背的相机体积大，不适合移动性的拍摄，但像素质量非常精湛，图像传感器的面积也非常大，成像效果显著，非常适用于古籍文献的数字化拍摄。

为了便于拍摄古籍，国家图书馆定制了古籍翻拍架。带有数码后背的数码相机固定在翻拍架上，调整焦距时，只需调整相机固定片，上下移动即可，而且通常情况下不需要移动很大的距离。翻拍架由两部分组成：一是固定数码相机的架子，二是固定古籍的翻拍屉。

（四）扫描型数码后背拍照系统的搭建

用于大型古籍特藏品影像采集的数码后背，应配置具有超高分辨率、像素达几个亿的扫描式后背。其 CCD 的有效感光面积要大，像素点尺寸要足够小，并安装在 4 in×5 in 大画幅相机上。

扫描型数码后背，特别是移动扫描式后背系统在采集图像时，必须考虑现场光照条件的变化对采集数据的影响，同时还需顾及系统结构与现场环境的适应性、匹配性及灵活性等。

另外，为避免受到环境光源的影响，系统应配置 6 组色温为 6500 K、显色指数为 98 的标准灯箱，并可以随意调节所需要的光强度。系统还应配置光平衡仪，这是目前能够保证色彩均匀性的关键技术。光平衡能使摄影系统在不同的光照条件下得到准确的色彩还原，并能保证摄影系统的稳定性。

移动扫描式后背系统对镜头要求非常高，因为在复制大幅面作品时，为得到更多的信息，通常需要分块采集，在图像处理时再进行拼接。为避免在分块采集时图像边缘变形，应选择最小畸变的镜头。

由于移动扫描式后背成像时需要较长的时间（通常曝光一次需要 20 分钟左右），这就需要选择重型脚架，同时要求地面平整，周围无震动源、无风向源。

（五）数码后背拍照的注意事项

1.注意光源的处理

拍摄古籍文献必须选择密闭的环境，无自然光源（窗外投射进来的光线）及室内光源（室内的照明灯）的射入和干扰。古籍文献是非常重要的文物，为了加强保护，必须选择冷光源对其进行拍摄。一般来说，拍摄时会布置 2 个光源，如果古籍尺幅较大，那么则需要布置 4 个光源。

光源的投射角度不能大于 45°，否则会产生强烈的反光，如拓本中的乌金拓，其本身的墨迹会产生强烈的反光，布置光源时有较大的难度，需要反复调试角度和位置。

拍摄古籍时需要采用多个测光点，必须保证拍好的局部图在后期拼接中颜色保持基本一致，因此布置光源的时候要利用测光表进行调试。测光取点时，默认在古籍幅面的 4 个角及中心点取 5 个点，哪一个点测得的指数有偏差，就要对靠近的光源进行调整。如果遇到大幅面的古籍特藏品，则需要在幅面上平分出九宫格，并在 9 个格子的中心位置取点测光，使 9 个点的测光值保持一致，方可拍摄。

古籍特藏品上的严重折痕有时会产生较大的黑影，影响拍摄效果，这种情况下，要么调整光源互相配合，要么补充光源照射折痕部分，以达到除去黑影的目的。

2. 注意设置拍摄的像素

一般我们依据拍摄的目的设置所需要的像素值。根据国家图书馆的藏品数字化标准，普通开本的古籍其像素值应当达到 400 dpi 的分辨率；如果是照片等小幅藏品，则需要达到 600 dpi；若是仅仅为了出版而采集大幅面藏品的影像，则 300 dpi 也算符合要求。

为了便于还原原件尺寸，要尽量设置到相机的最高像素，尽量设置 RAW 格式，因为无论是尺寸、色彩还是达到满意的不压缩的原件，RAW 格式都能最大限度地保留信息量。

3. 注意调整参数

设置相机的光圈、感光度及白平衡值，为达到画面整体的清晰，宜采用最小的光圈拍摄。由于拍照时使用三脚架，稳定性可以得到保证，因此光圈设置得越小越好。感光度 ISO 设置到最小，可以使图像质感细腻。高感光度会使速度提升，相反会造成图像颗粒的增大，影响图像的画质。白平衡最好设置在自定义上，依据现场的光源提前测试好最佳的范围值。因为相机内固定的自动模式和灯光白平衡都是相机里设置好的数据，与现场必然有一些区别，如果设置在自动和灯光模式上，拍摄出来的图像与原件会有差异。即使后期可以进行调整，但也会给后期的制作带来不便，因此在拍摄时以设置最接近现场光源为宜。

三、国家图书馆选用的拍照设备要求

2011 年前后，国家图书馆曾经使用过日本某品牌的单反相机进行数字化采集，其像素为 3000 万，但是采集的数据不符合国家图书馆长期保存的对象数据的要求。后来则全部改为使用丹麦某品牌的数码后背相机拍摄系统。

该拍摄系统的 CCD 数码后背为 8000 万像素，分辨率参数标准不低于 10 328 × 7760，可采集 400 ～ 800 dpi 彩色 48 色位影像数据。设备参数如下。

1. 相机及数码后背参数

①操作方式为全人工操作方式；

②传感器类型为 CCD；

③最大像素数为 10 328 万；

④图片分辨率为 8000 万像素；

⑤镜头为伸缩式；

⑥显示屏类型为触摸屏，尺寸为 3.2 英尺；

⑦快门类型为电子控制纵走式焦平面快门；

⑧感光度为 50 ～ 800，感光度 - 长时间曝光为 200 ～ 3200，曝光时间为 60 分钟；

⑨其他方面的，如像素尺寸（微米）为 5.2 × 5.2，输出图像 dim.300 DPI 87.4 mm × 65.6 mm，输出图像 dim.600 DPI 43.7 mm × 32.8 mm。

2. 支撑系统

配合相机后背，采用了美国 DT 公司的 RG304。

3. 光源

施耐德 120 mm Macro 镜头 LED 光源。

4. 图像质量

影像数据放大至 150 % 时无噪点，无杂色点，无片状像素点，墨迹边缘无虚影。

影像数据放大至 100 % 时，图片无成像扭曲及虚影。

影像数据幅面不超过 50 cm × 70 cm 时，图像分辨率可平均分布，无边缘模糊的现象。

第四节 书刊扫描技术

一、技术背景

扫描仪（scanner）是利用光电技术和数字处理技术，以扫描方式将图形或图像信息转换为数字信号的装置。扫描仪通常被用于计算机外部仪器设备，通过捕获图像并将之转换成计算机可以显示、编辑、存储和输出的数字化输入设备。

1884年，德国工程师保罗·高特列本·尼普科夫（Paul Gottlieb Nipkow）利用硒光电池发明了一种机械扫描装置，这种装置在后来的早期电视系统中得到了应用，到1939年机械扫描系统被淘汰。虽然与100多年后利用计算机来操作的扫描仪没有必然的联系，但从历史的角度来说，这算是人类历史上最早使用的扫描技术。

扫描仪是20世纪80年代中期才出现的光机电一体化产品，它由扫描头、控制电路和机械部件组成。采取逐行扫描，得到的数字信号以点阵的形式保存，再使用文件编辑软件将它编辑成标准格式的文本储存在磁盘上。从诞生至今，扫描仪的品种多种多样，并根据市场需求不断地发展。

手持式扫描仪诞生于1987年，扫描幅面窄，难以操作和捕获精确图像，扫描效果也差。1996年后，各扫描仪厂家相继停产，从此手持式扫描仪销声匿迹。到2002年，随着CIS技术的不断成熟，手持式扫描仪凭借着其小巧轻便的设计和较为高清的分辨率又重回市场。

馈纸式扫描仪又称为小滚筒式扫描仪，诞生于20世纪90年代初，随着平板式扫描仪价格的下降，这类产品也于1997年后退出了历史舞台。

滚筒式扫描仪是专业印刷排版领域应用最广泛的产品，使用的感光器件是光电倍增管（photo multiplier tube, PMT），因此它的密度范围较大，而且能够分辨出图像更细微的层次变化。

平板式扫描仪又称平台式扫描仪、台式扫描仪，这种扫描仪诞生于1984年，是办公用扫描仪的主流产品。扫描幅面一般为 A4 ～ A2。

大幅面扫描仪一般指扫描幅面为 A1 ～ A0 的扫描仪，又称工程图纸扫描仪。

底片扫描仪又称胶片扫描仪，光学分辨率一般可以达到 2700 dpi 的水平。

此外还有一部分扫描仪是专业领域使用的，如条码扫描仪、实物扫描仪、卡片扫描仪等。

就古籍特藏文献的数字化加工而言，主要采用平板式扫描仪和大幅面扫描仪。

二、技术要点

（一）感光元件的区别

扫描仪的感光元件就是扫描仪的"心"。选购扫描仪时，首先要看的就是该款扫描仪是采用何种感光器件。目前主要有四种：硅氧化物隔离 CCD、半导体隔离 CCD、接触式感光器件（CIS）、光电倍增管。

CCD 的原理，简单来说，就是在一片单晶硅上集成了几千到几万个光电三极管，这些光电三极管分列为三列，分别用红、绿、蓝三色的滤色镜罩住，从而实现彩色扫描。目前主流产品所采用的 CCD 主要有两种，即硅氧化物隔离 CCD 和半导体隔离 CCD。硅氧化物隔离 CCD 要比半导体隔离 CCD 好一些。因为半导体隔离 CCD，三极管间漏电现象会影响扫描精度，而采用硅氧化物隔离 CCD 会大大减少漏电现象。但是，因为硅氧化物隔离 CCD 的成本很高，所以一般中低端的主流产品都使用半导体隔离 CCD。

接触式感光器件 CIS 的生产成本比 CCD 低得多。它使用的光材料——硫化镉价格低廉。所以，市场上同等精度的 CIS 扫描仪要比 CCD 的扫描仪便宜不少。但是硫化镉的电阻间漏电现象比半导体隔离 CCD 还要大。其他条件相同的情况下，CIS 扫描仪比半导体隔离 CCD 扫描仪的扫描精度低，其标注的分辨率往往不是真实的光学分辨率。

光电倍增管的感光材料，主要是金属铯的氧化物。采用这种感光材料的扫描仪，扫描精度是最好的，它受温度影响的程度和噪声两项指标也是最小的，可价格也是最贵的。很适合于对扫描仪要求较高，同时又可以接受它的高价格的专业用户。

目前，在非接触平板扫描仪领域，光电倍增管还没有被采用。非接触平板扫描仪的"心"主要是 CCD 或者 CIS。我们建议在古籍数字化工作中使用的非接触平板扫描仪最好采用的是硅氧化物隔离 CCD 的感光元件。

（二）光学分辨率和插值分辨率

光学分辨率也称为扫描仪的实际分辨率，是扫描仪的光学部件在每平方英寸面积内所能捕捉到的实际的光点数，是扫描仪 CCD（或 CIS）的物理分辨率。它的数值是由光电元件所能捕捉的像素点除以扫描仪水平最大可扫尺寸得到的。以 A4 扫描仪的最大扫描范围 216 mm×297 mm 为例，最大宽度为 216 mm 等于 8.5 in。如果它采用 5100 个单元的 CCD（或 CIS）的话，那么它的光学分辨率为 5100 dot/8.5 in=600 dpi。

目前，主流扫描仪的光学分辨率大部分为 600 dpi（规格表中一般为 600 dpi×1200 dpi）、1200 dpi（规格表中一般为 1200 dpi×2400 dpi）或者更高。

扫描仪的实际分辨率是决定一幅图像中可视细节数量的关键因素。可以说，一台扫描仪光学分辨率越高，它的品级也越高。

插值分辨率经常表述为"最大分辨率"，也叫作增强分辨率。它是通过软件来提高的分辨率，因此也称为软件增强的分辨率。软件通过在相邻像素之间求出颜色或者灰度的平均值，从而在原像素点之间插入一个或多个像素点来增加图像单位面积内的像素数值。例如，扫描仪的光学分辨率为 300 dpi，通过软件的插值运算法可以将图像提高到 600 dpi。虽然通过内插算法可以增加图像的像素数，增加图像的文件大小，但并不能增加真正的图像细节。插值分辨率有一个优点，可以消除因图像放大输出而产生的锯齿，但这仅仅在图像放大输出的条件下才有一定意义。

对于古籍数字化来说，我们要求古籍影像应当原大采集并可以原大输出。在古籍图像原大输出的条件下，原有尺寸下图像细节的表达应当与古籍本身尽可能地保持一致。因此，选用扫描仪的时候，我们只关注 CCD 元件所能达到的光学分辨率数值，而不关心"最大分辨率"这一参数。

（三）色彩深度

色彩深度又叫色彩分辨率、色彩模式、色彩位或色阶，是指扫描仪本身所能辨别色彩的能力，它的单位是 bit（位），即用多少个位来表示扫描得到的个像素。由于计算机中图像也都使用二进制数字来进行表示，所以 1 bit 就表示 $2^1=2$ 个数值，反映到图像中即为黑与白，而 8 bit 就可以表示 256 个灰度级。在计算机的色彩表示中，每一个像素点会被分为三个颜色通道表示，即红（R）、绿（G）、蓝（B）。24 bit 色也就是我们平时所说的真彩色，其中红、绿、蓝各占 8 bit，分为 $2^8=256$ 个等级，可以表示 16 777 216 种色彩。

由此可见，色彩位数越多，颜色就越逼真。对于古籍高仿制作来说，高色彩位产品所能体现的性能十分出色，然而价格比较高。

当色彩精度增加时，至少从理论上来说扫描设备可以捕捉的色彩细节也会增多。为得到高质量扫描图像，一个极为重要的因素是提高扫描仪的动态范围。动态范围能确定数字图像中相邻色调之间过渡的平稳性。对于扫描仪而言，它描述设备再现色调细微变化的能力，表示给定设备所能探测到的最淡颜色与最深颜色之间的差值。当扫描设备或原始图像的动态范围或密度值增加时，它可以探测、阻挡、吸收的光能级的范围就扩大。一个设备的动态范围越宽，它可以捕捉的可视细节就越多，在阴影（颜色最深的面积）中更是如此。在阴影中要精确地采样细节是最困难的，因为用来反射式传送阴影细节的光能量是有限的。理论上的动态范围是由扫描仪本身的 CCD 信号进行模数转换的 A/D 部分硬件的位数决定的。

但是，想仅仅通过增加模数转换器的精度来提高扫描仪的色彩精度，其对扫描图像品质的提高程度较为有限。因为影响扫描仪色彩精度的因素，除了有较高的模数转换精度，还需要有完善的光路系统设计。透镜质量、CCD

质量，以及扫描时光学器件的振动，都会影响扫描品质。

这就是国家图书馆的古籍影像采集工作中往往使用德国、意大利及法国生产的中高端平板扫描仪的原因。因为当前情况下，国产扫描仪即使搭载了高质量的 CCD 感光元件，却依然在图像质量上不尽如人意。色彩深度很大程度上决定了古籍影像的质感和输出质量，应当引起重视。色彩深度的表现力，也应当成为选择古籍数字化扫描仪时的重要参考项之一。

三、国家图书馆使用的设备要求

目前，国家图书馆古籍特藏数字化加工所使用的扫描设备，按照扫描幅面大小，主要有以下几类。

1. A2 幅面扫描仪

A2 幅面扫描仪适用于普通开本的古籍。

国家图书馆曾经及正在使用的 A2 幅面扫描仪有法国某品牌及德国某品牌的仪器。线性扫描仪属于中高端产品，而矩阵式扫描仪属于中端产品。其设备参数如下。

①扫描类型：顶置式扫描头，台式非接触扫描。

②成像系统：高清专业线性 CCD/ 矩阵 CCD 成像系统。

③光学分辨率 ≥ 600 dpi × 600 dpi，光学分辨率解析度 ≥ 11 Ip/mm，验收时使用标准分辨率色卡检测。

④扫描幅面 ≥ 640 mm × 420 mm。

⑤配备自动开启和自动驱动扫描功能的专业玻璃压板，拥有感应压力调节装置，压力过大时玻璃压板会自动开启，在扫描时随时控制玻璃压板与扫描书籍之间的压力，可配备防静电吸附功能；玻璃压板在不使用的情况下可以 90° 放置；玻璃压板必须是双层胶合技术，确保任何意外情况下不破坏古籍。

⑥特制 2 × A3 自动 / 电动升降承稿台，承稿台面必须采用特殊柔软耐磨材质，扫描过程不伤及古籍文件，重量 ≥ 10 kg。

⑦预览功能：具备实时预览功能，实现扫描文件的扫描效果实时监控，

操作前可以看到扫描古籍具体情况，实现一次扫描成功，避免因调校设备而增加扫描次数，减少对古籍的二次伤害。

⑧建议配置外置图形工作站，配备 23 英寸液晶显示器，有条件的单位可配备专业显示器，可以更好地保证检查图像时色彩的还原度。

⑨扫描时间：（A2 全幅面彩色，光学分辨率 400 dpi × 400 dpi）≤ 3.4 s，（A2 全幅面彩色，光学分辨率 600 dpi × 600 dpi）≤ 7.7 s。

⑩输出：N36-bit（彩色），12-bit（灰度），1-bit（黑白）。

⑪硬件参数。

扫描控制：多种自动和直观的扫描触发方式（玻璃压板、脚踏板开关、触摸式开关）。

操作界面：图形化用户界面，便于学习操作。

全自动设定：对焦、曝光时间、黑白平衡、幅面探测、自动裁切页面等。

图像增强功能：嵌入式图像增强处理，包括纠偏、曲线修正、指印消除等，色彩平衡、白平衡、曝光修正。

扫描次序：连续扫描，同步处理和压缩并保存文件，同步显示扫描图像效果。

照明：照明环境光学实时修正，标准配备无炫目冷光源，满足光线不足环境使用要求。

输出连接方式：配备 6 个 USB 接口，1G 网口。

图像格式：JPEG、非压缩 TIFF、TIFFLZW、PNG、TIFFG4（黑白）、PDF、BMP 等。

注意：CCD 系统与设备光源在保证图像质量的前提下距离原件越远越好。

工作温度：10 ～ 30 ℃。但实际工作中，珍善本文献的加工温度最好控制在 1.8 ～ 22℃。

⑫认证：符合相关图像质量标准 FADGI、Metamorfoze、ISO19264-1 且等级较高，LED 的测试符合 IEC62471-2006（灯具和灯具系统的光生物学安全性）。

⑬配有专业古籍数字化管理软件。

软件可以处理来自任何源头的图像，同时软件可以通过热文件夹监控处理来自多个不同源头的图像。

具备自动和手动处理图像的功能，可以有效而快速地处理多个收藏夹，包括倾斜校正、裁剪、二进制转换、对比度、亮度等，曲面校正、背景去除、图像分割、照明校正等。

软件的自动化图像质量控制分析每个图像的模糊度、曝光度，复制并检测局部图像。用简单用户界面进行图像缺陷标记和报告，并提示重新扫描，这样可提高工作流程中的运营效率。

软件提供了将界面用于结构标记的便利，通过使用可定制模板可自动读取目录。

软件同时提供多个文件格式的输出（格式包括 TIFF、JPEG、JPEG2000、PDF、可检索 PDF、POD、PDF-A 等），通过具有自动导出功能的批量处理流程将任何格式输出至本地目录，或者通过 FTP 输出至数字化资源库。

2. 双 A0 线性扫描仪

双 A0 线性扫描仪适用于大幅面善本、地图、图像类特藏的扫描。

国家图书馆曾经及正在使用的双 A0 线性扫描仪主要为德国厂商及意大利厂商生产。德国厂商的高清大幅面扫描仪速度更快，性能更稳定；意大利厂商的高清大幅面扫描仪色彩还原更出色，图像品质更优秀。

双 A0 扫描仪一般采用的是工业级成像镜头，高解析力的镜头可以更清晰地展示图像细节且无畸变。冷光源在镜头后照射原稿，图像纹理清晰、无杂色、无摩尔纹干扰，图像四周线条均匀平直。仪器采用的是较大面积的 CCD 感光成像，信噪比低，过渡柔和，蓝、绿、红三色 CCD 的全部色位能够被扫描仪捕捉，成像质量高。

其设备参数大致如下。

①描述：顶置式扫描头，非接触扫描。

②采集单元系统 ≥ 14 400 RGB 三线性 CCD。

③光学分辨率调节范围：300 ～ 1000 dpi。

④扫描时间（RGB 扫描）：在设置 300 dpi 时，2A0 幅面时 ≤ 60 s；在设置 400 dpi 时，A0 幅面时 ≤ 85 s；在设置 600 dpi 时，A1 幅面时 ≤ 120 s。

⑤实时预览功能：数字化原稿的效果实时高速预扫描，可以快速观察古籍的具体状况，实现最终一次性扫描，避免因多次调节设备硬件参数而增加采集原稿的次数，减少对古籍的二次伤害。

⑥自动检测被扫描古籍文件。

⑦真空可抽屉式承稿台：

承稿台可扫描幅面：≥ 1800 mm × 1200 mm。

承稿台采用特殊耐磨的合成材料，采集过程不会损害古籍原稿，并可以使用软磁条固定原稿。

最大厚度 ≥ 100 mm（3，9 s）。

最大承重 ≥ 100 kg（222 lbs）。

承稿台可以抽屉形式移出，从三面轻易进入扫描区，方便放置超长幅面的古籍，避免与扫描主部件发生任何触碰，最大限度地保护原稿件。

⑧扫描台工作方式：文物不可移动，避免古籍文物移动而造成损害。

⑨人体工程学控制系统。

内置微电脑控制系统，全程监控扫描过程。

扫描控制：多种全自动、直观的采集扫描触发方式（脚踏开关，电脑控制扫描）。

坐立均可操作。

无损害原稿古籍的光源（特殊定制 LED 光源）。

⑩操控软件。

操作界面：图形化用户界面，易于用户使用和操作。

全自动设定：对焦、曝光时间、黑白平衡、幅面探测、自动裁切页面等。

图像增强功能：嵌入式图像增强处理，包括纠偏、曲线修正、指印消除、色彩平衡、白平衡、曝光修正等。

扫描次序：连续扫描，同步处理和压缩并保存文件，同步显示扫描图像效果。

输出：（彩色）≥ 42 bit，（灰度）≥ 12 bit，（黑白）≥ 1 bit 等

输出图像格式：TIFF，TIFFG4、TIFFMultipage、TIFFLZW、DNG、PNG、JPEG、JPEG2000、PDF 等。

⑪可控制调节光源：

无炫目冷光源 LED 条形灯。

不含紫外线及红外线。

更长的使用寿命。

对被照射文档不产生阴影或反射。

光源系统：稳定 LED 的色温控制，无紫外线或红外线。

光源电源控制系统：间断照明型电源专利技术，并可在软件中设置左 / 右可调节照明角度，消除原件的反光和炫光。

光源校正：通过软件控制系统实时校正光源系统。

传感器对焦调整系统（激光对焦）：电动微控激光自动调节对焦，并可通过软件控制系统调整。

镜头单元：高精度自动微电子步进电机调焦镜头。

电动扫描传感器调整：可通过软件系统调整高度。

⑫硬件参数：

驱动单元：TWAIN and API。

设备尺寸 ≥ 2650 mm × 1650 mm × 2300 mm。

电源：220 V 50 Hz 300 W。

工作温度：10℃ /50°F ～ 30℃ /86°F。

重量 ≥ 300 kg；

认证：CE/FCC part15 conformity；Low voltage electrical safety EN60950；Radio electricaldisturbances；EN55022，EN61000-3—2，EN61000-3—3；electromagnetic immunity EN55024。

3. V 形台线性扫描仪

V 形台线性扫描仪适用于西文善本类特藏的扫描。

国家图书馆藏有大量西文善本，尚未进行数字化影像采集。由于西文

善本的装订方式及用纸情况的不同，目前大部分西文善本是无法展平打开的。一般情况下，只能打开120°，有的甚至只能打开60°。如何在保证文献安全的情况下开展数字化工作，是尚在调研考察的问题。目前可以适用于西文善本扫描的CCD线性扫描仪主要为2015年德国赛数公司推出的OS12002V，其扫描范围主要是针对无法完全打开的各种珍贵文献。

目前市面很多产品支持V形扫描，但是扫描角度固定无法调整，抑或是采用拍照模式而不是真正的扫描。而赛数OS12002V型古籍扫描仪的承稿台打开角度在90°～140°范围内可调，同时还配备V形电动压稿玻璃。设备同样拥有赛数产品独有的半自动工作模式，扫描尺寸为A3+，可以兼容包括古籍文献等多种文献资料，特别是厚重的西文古籍。其设备参数大致如下。

①描述：顶置式扫描头，台式非接触扫描，带完整的承稿台。

②最大原件尺寸：≥455 mm×315 mm（超A3）。

③光学分辨率：≥800 dpi×800 dpi（11 lp/mm）。

④扫描速度：彩色≥600页/小时；黑白≥800页/小时。

⑤扫描模式：彩色≥42 bit采集、≥24 bit输出，灰度≥36/24 bit输出，黑白二值≥1 bit输出。

⑥原稿厚度：书本最大厚度150 mm，可承受重量20 kg。

⑦扫描稿台：V形台可120°调整，V形玻璃台由扫描程序自动控制升降。

⑧扫描方式：自动对焦，景深250 mm。

⑨影像格式：TIFF，TIFFG4，多页TIFF，TIFF12Bits，JPEG，BMP，JPEG2000，PDF，多页PDF。

⑩全自动设置：对焦、曝光时间、白平衡、格式检测。

⑪图像处理：软件自动识别、纠斜矫正变形、去污去杂点、翻转、去黑边、遮幅、锐化、弯曲修正、剪裁、黑白扫描、动态阈值裁切、去阴影、消除炫光、褪底等。

⑫软件加强图像处理：纠偏，阈值，消手指，曲率校正。

由于古籍纸张强度和装帧形制的差异化较强，V形台扫描仪在古籍影像采集中对古籍原件的适用性尚需进一步确定与论证。

四、图书馆古籍数字化项目的空间与设备规划

（一）优先选择拍照设备的条件

使用拍照设备采集古籍影像，效率尚可，但是其对人员的专业要求和时间要求都很高。以国际敦煌项目（IDP）为例，根据项目的统一要求，拍照后的图像还要人工进行批处理锐化、裁切、改尺寸和拼图。从采集环节来说，每天（5小时）可以完成 300 ～ 400 拍。拍照设备带有数码后背，价格往往比较昂贵。为了保证采集到优质的图像，还必须保证由专业摄影师操作。后期图像处理及拼接对人员的专业素养要求也很高。结合以上种种情况，在实际操作中，拍照并不是最高效率的数字化设备选择。

但是为什么我们依然选择拍摄设备呢？因为很多古籍非常脆弱，无法平展开，不适宜在扫描仪上操作。比如敦煌遗书，长期以卷子状态存放，平展不易，操作不慎就容易纵向断裂。因此综合考量，贵重的馆藏如果无法平展，或者纸质已经极为脆弱，还是要以拍照的方式进行非接触式图像采集。

（二）选择扫描设备的注意事项

在实际工作中，古籍馆更多选用扫描仪作为古籍影像数据的采集设备。在选定不同类型的扫描仪过程中，有一些必要的考量因素需要提前想好。

①扫描速度。对用户来说，最关心的问题就是扫描的速度如何。单位时间内采集同样分辨率图像的扫描拍数越多，显然性价比越高。决定扫描仪扫描速度的因素如下：第一，包括设定的图像采集分辨率（300 dpi 或者 600 dpi），单位时间内分辨率与拍数成反比。第二，扫描对象的尺寸、形制也决定了速度快慢。如果单位时间内尺寸一致、形制相同，效率会高，否则会降低扫描效率。第三，书况也会影响扫描速度，如果透字、破损文献多，那么需要在加工前进行衬纸或加固，必然影响扫描效率。

②扫描对象幅面需求。通常决定一个扫描仪价格的主要因素是能够扫描的最大幅面，如 A4、A3、A2 或 A1，乃至双 A0。就古籍特藏类文献而言，扫描对象包括书籍和特型文献，因此应该在数字化项目开始前评估不同对象

的数量，以选定相应设备。通常 A2 幅面能够满足大多数古籍文献要求。超出幅面部分可以用拼接图像方式解决。

③扫描模式。文献扫描主要有黑白（B&W）、灰度（gray）和彩色（colour）三种模式。大多数扫描仪都能满足三种模式，但不排除某些设备为降低成本不支持彩色扫描的情况。如果预算有限，在选择扫描设备时，可以根据实际情况选择不同模式的扫描设备。

④分辨率。选择扫描设备还要考虑光学分辨率（optical resolution）和输出分辨率（output resolution）参数。前者是扫描设备采集能力的重要评价因素，后者则是设备能够制作和输出的最大分辨率。输出分辨率往往比光学分辨率高，因为可以在输出的时候增加像素值使文件变大，但是这不代表光学分辨率提高。

⑤驱动和软件。驱动和软件是否能够优化扫描仪所采集的图像数据，是否能够提高采集效率，是否便于操作人员使用，都是需要考虑的因素。此外还包括是否满足软件自动纠偏、裁边，图像批处理锐化等。

⑥输出格式。不同的扫描设备可以满足不同输出格式需求，如 TIFF、JPEG、PDF 等，常用保存级数据多为 TIFF 格式。

⑦其他需求。如果是大幅面地图集、单张舆图或拓片，以及少数民族文字的长条书（梵夹装大尺寸文献）等，要考虑扫描设备能够满足的最大幅面范围，根据项目里扫描对象的数量最多的尺寸范围，尽量选择一拍可扫、不用拼图的幅面设备，特别大的可以少量拼图，以降低成本、提高效率。

第四章 图书馆古籍数字化采集工作实践

第一节 采集前的准备工作

目前古籍馆的数字化图像采集工作主要可以概括为以下流程，即核对藏品信息—藏品提用审批—藏品交接—图像采集—图像质检及数据登记—图像处理与数据存储—藏品归库—成品交付。

一、数字化前整理

数字化前整理看似简单，却需要有细致认真的态度，谨慎处理。主要包括以下工作。

（一）核对项目使用藏品信息

项目管理员根据项目所附录的用书清单，核对馆藏文献的书目信息（可以通过机读目录 OPAC 系统），包括题名、版本、册数、存卷情况，根据整理的结果，制作出库申请单和项目进度表。

（二）办理出库手续

项目管理员将出库申请单提交部门领导审批后，转交到藏品库房。库房人员根据项目要求筛选（若同一版本有多个复本）、提取藏品。

（三）检查书况

项目管理员与库房人员同时检查拟加工藏品的物理状态、藏品种数、册数、散叶数量（逐叶清点）。如遇有破损情况，要记录破损位置，必要时请修复人员和藏品所在科组人员对是否可以加工进行确认。遇有缺叶、错叶、重叶、空白叶情况，要逐一核实，做好备注登记。书检查记录将作为数字化加工、质检、标引等后续环节的重要参考。

（四）文献出库准备

项目管理员按照最终确认书况的结果，与库房人员办理交接手续，将藏品提出，准备送至数字化工作室。藏品交接和运输，需要 2 名以上正式员工同时执行。若文献多于 3 册，还需要使用安全书车加以运输。需要注意，开放式书车要求密切关注文献是否滑落，封闭式书车注意锁好柜门。推荐尽量使用封闭式书车。

二、藏品前整理及相关工具

（一）衬纸

在古籍数字化的过程中，有时候会遇到书叶纸质薄、透字的情况。为解决这个问题，需要使用衬纸，以达到较好的扫描效果，实践中还要遵照项目要求，根据藏品具体情况做出判断。如果强光下透字影响阅读，则需要衬纸，保证扫描后的图像清晰。

关于数字化工作中用到的衬纸，需要注意两点。

一是衬纸的种类。目前，衬纸主要分为两种，一种是手工宣纸，一种是机器宣纸，目前常用的是手工宣纸衬纸。手工宣纸薄厚均匀，颜色自然，软硬得当，有韧性，折叠不易朽，不会撑书叶；机器宣纸颜色生硬，纸质偏硬，薄厚不均，折叠容易出死褶，难以恢复，衬纸过多会撑破书叶，对藏品造成伤害，但造价低廉。衬纸过程中要对手工纸和机器纸加以甄别，尽量选取手工纸。

二是衬纸的大小规格。由于古籍开本大小不等，要根据书叶的大小选择适宜的衬纸。实践中，我们常用的衬纸规格有四种：28 cm×9.5 cm、32 cm×13 cm、35 cm×15.5 cm、60 cm×24 cm，最常用的为 32 cm×13 cm。这几种规格的衬纸一般要由专业修复人员裁切，裁切要严格按照尺寸，衬纸过小，达不到效果；衬纸过大，需要二次折叠才能使用，这样不仅费时费工，对古籍也可能造成伤害。

衬纸的具体过程，主要有三步。

第一步，将衬纸折叠成筒状，插入筒子叶内。

第二步，将衬纸在筒子叶中小心展开，可靠近书脊，离版心约 0.5 cm。

第三步，将衬纸整理平展，确保无褶皱。

在衬纸过程中，还需要注意两种特殊情况。

其一是特型藏品。遇特型藏品，如一人难以完成衬纸，则需要多人配合。比如，大型的拓片、超大开本的古旧舆图册等，往往需要两人同时打开筒子叶，第三个人再将衬纸轻轻放进去。所以配合特型藏品，也要根据其尺寸准备一定的特殊衬纸。

其二是夹字，即古籍书脑订线过紧，导致版框或文字无法露出的情况，我们习称为"中缝夹字"。这种情况下如果衬纸就更加夹字，影响阅读。这种情况有两种解决方案：一是向藏品管理科组申请拆线，由专业修复人员来判断是否可以将订线拆除，再报请部门领导签批。若可以拆除，则在拆线后筒子叶内加衬纸，扫描完成后，撤掉衬纸，重新订线。这种方法存在风险，一般不宜采用。二是在衬纸数量上下功夫，先衬半本（或酌减衬纸数量），然后撤掉这部分衬纸，再衬剩下的半本，这样基本上不会加重夹字的问题，还可以顺利完成衬纸的工作，对藏品几乎没有伤害。只是工序较为烦琐，增加衬纸工作人员的工作量。

其他一些突发情况，还需要具体问题具体分析。

总之，衬纸的工作看似简单，但是如何在保证藏品安全的情况下，积极配合项目进度，针对不同的古籍藏品选择合适的衬纸，甚至根据扫描机器的不同特点，安排合适的衬纸，以期获得最好的扫描效果，这些都是未来数字化工作中需要研究的，使用衬纸的经验也需要不断积累、总结。这样一项看似简单的工作，恰恰体现了机器无法取代人的手工劳动这一命题。

特别说明，此处叙述的衬纸工作只发生在册页装古籍的筒子叶处理上，其他现代装帧形式和现代出版物如果透字严重，可以视具体情况尝试其他方法。

（二）夹签与浮签

古籍数字化图像采集过程中，有的时候只需要扫描一部分或者扫描单叶，既要保证藏品安全，又要保证扫描的准确性，在相应的篇目位置夹入宣纸纸条是我们在实践中反复总结出来的有效方法。一般是由选目人员将纸条夹好，做好标记。一般在扫描的起叶，在纸条上标注箭头指向所需筒子叶的一面，写上"起"字。在结束的部分，用另一张纸条标注箭头指向所需筒子叶的一面，写上"止"字，如果只需扫描一叶，则用宣纸条夹本叶，注明"本叶"。

需要注意的是，有的古籍筒子叶上面有单独粘贴的纸条，多为藏书者对于该书的批点或者内容补充，这种纸条叫作"浮签"。要在浮签下面衬纸后单独扫描一拍，再把浮签掀起来扫一拍。注意动作要轻，保证浮签不会脱落。

（三）项目合同、交接清单、铅笔、工作笔记本

每个数字化项目都需要将纸质版的项目合同、交接清单准备好，这样能够对正在进行的数字化项目一目了然，并及时处理已经做好的数字化项目。由于数字化项目有大有小，有的项目书目较多，有的项目要求比较琐碎，这个时候做好记录非常重要，只有做好记录才能做到有条不紊，可以随事随记，便于回查，更有助于高效、准确地完成所有项目。

（四）尺子：软卷尺或塑料直尺

在古籍数字化的过程中，由于对象的特殊性，保护藏品的要求始终贯穿于数字化工作中。在古籍测量开本大小、天头、地脚、版框等相关数据信息，测量时要求以厘米（cm）为单位，保留小数点后1位。软尺材质特殊，不会伤害古籍，适用性较广。

（五）书叶简单处理工具：竹起子、针线等

如遇古籍筒子叶粘连，不可直接用手揭开，而最好使用竹起子将粘连的部分小心分开。有的筒子叶夹字非常严重，为了保证扫描质量，会将古籍拆成散叶，这就需要针线等物品，一般置于工作台抽屉内（极少采取这种方法）。

（六）温湿度计

古籍数字化由于工作场地内机器较多，温度容易升高，湿度往往偏低，因此温湿度计是非常重要的设备。

古籍藏品对房间温湿度要求较高，一般温度在 20～25 ℃，湿度在 40 %～50 % 的环境较为适宜。如果遇到特殊天气，如阴雨天等，相对湿度超过 60 %，就要暂停数字化工作；特别干燥时也会影响相关工作，需要及时加湿。及时查看温湿度计并随之调整古籍数字化工作安排，是保证古籍数字化顺利进行的前提。

第二节　古籍数字化采集流程

一、文献出库

常规的古籍数字化采集流程，第一步是文献出库，即将古籍藏品从库房提取至数字化采集工作室。

（一）填写藏品使用及出库申请单

所有需要从库房提取采集的书目，在正式提取之前，均需填写藏品使用及出库申请单，写明具体的藏品使用者、出库事由、藏品使用方式及所需提取的详细书目清单。请主管领导审核同意并签字后，将该申请单交由库房，库房则开始按照书目清单从架上准备出数字化需要用到的藏品。

（二）提取文献

每日库房开库之后，一般要求正式在岗在编的两名或两名以上工作人员同时进入库房，共同办理入库手续。入库提书须全程佩戴口罩、手套。库房工作人员会事先依照出库申请单找到藏品的相应架位，将该项目所需书目集中放置在书车上，并在出库单逐条标记实际提书数量；数字化项目负责的科组工作人员，根据当日工作安排，提出一定数量的文献，并填写提书登记表。

（三）双方清点

当日提取的文献出库前，由典藏阅览组库房工作人员根据藏品使用及出库申请单和提书登记表，对所提书目再次进行清点，核实种数、函数、册数，个别破损严重的文献，须记录其保存状况。双方清点核对无误后，在提书登记表上签字。

（四）运送交接

用书车将文献安全运送至数字化采集工作间，与数字化采集人员进行交接。

（五）特殊处理

根据不同项目需求对文献进行压平、衬纸等处理，个别文献夹字严重，是否可以拆线扫描，须经藏品管理科组和部处领导现场察看，审慎决定，请修复人员进行处理后再行扫描。

（六）多次提书

如遇特殊情况，当日需多次提书的，均依照上述流程办理。

二、书目分配

两名提书人员每日将藏品从书库取至数字化工作间之后，需要先进行待扫描书目的分配。分配给具体扫描员后，再正式开始当日的数字化采集工作。书目分配的要点如下。

（一）按照项目分配

一般按照数字化项目进行分配。同一项目的书目最好始终由同一台／一组设备进行采集，这样可以尽可能保证数字化工作稳定有序地进行和数据质量的整体管控。而且同一项目所用到的藏品往往具有相近的载体特征，如能确定使用同一台设备，并固定由一名操作员集中负责，有利于其形成熟练操作，更能保证操作上的安全把控和生产效率的提高。

（二）按照采集进度分配

在项目繁多、书况多样时，书目分配工作显得尤为重要。当多个项目、多台设备同时进行时，每日提取的藏品数量较大、种类繁杂。如碰到有衬纸、修复等需求的藏品，没有做好书目分配工作的话，很容易手忙脚乱、顾此失彼。因此，哪一部文献分配给哪一台设备，每部文献的采集生产进度——待采集、待质检、待返工补扫，以及待衬纸未扫、已衬纸待扫、已扫待撤纸等各种进度状态，都需要由在场的数字化管理员统筹规划、有序安排，才能保证一系列数字化采集工作有条不紊地进行。

（三）按照采集对象的特点分配

在遇到同一项目所用书目的藏品种类不同、形态各异的情况时，则需按照采集对象的具体特点分配至不同的设备。应根据每件藏品个体的尺寸、材质、装帧形式、书况品相、数字化图像质量要求等具体情况选择最为适宜的设备进行采集。

稳妥起见，书目分配应在修复衬纸工作台或者台面比较大的书车上完成，以规避藏品文献掉落损坏的风险。

三、采集前准备

（一）确定采集范围

在一部文献正式开始采集前，先要确定采集范围。根据数字化项目合同的要求或服务需求，核对古籍原书中的相关内容，利用夹条来确定采集的具体叶码或起止叶。如要求为全书复制，则无须夹条，或在首页夹条注明"全书"；如要求为书内某一卷、某一章或某篇序跋，则应在相应位置分别夹条注明"起""止"；如要求为某一单叶，则在该页夹条注明"此叶"即可。

（二）复核采集环境

采集设备及与采集设备相连的计算机显示器应远离从窗户进入的室外光，采集前再次确认室外光是否已用窗帘、遮光布等方式隔绝；确认影响采集效果的室内灯是否已关闭；确认台面宽敞无水渍、无尖锐物品，地面干燥无污杂。为方便日常各工位人员自查，可以设计相关的自查表，只要按时勾选，便可放心开工。

（三）复核设备

再次确认计算机与采集设备相连的软件设置是否正确，包括采集分辨率、格式、路径等；同时确认采集设备是否运转正常，有无机油泄漏、承稿台升降失效等问题。可用一张白纸先于原书做测试，测试正常再开始原书采集。

四、采集方法

此处所述采集方法均以扫描仪为例。

（一）摆放文献及选取页面

针对不同装帧形式的古籍文献，有不同的摆放及页面划分方式。

1. 普通幅面线装文献

普通幅面线装文献宜用具备左右自动调节承托系统的设备。扫描封面、封底时将古籍平放于承稿台上；扫描内叶时，将线装古籍翻开，将书脊夹在两块承稿台之间。如有固定旋钮，则根据古籍版框的具体情况手动调节两块承稿台之间夹紧的压力程度，以避免压力过松古籍从夹缝中脱落，或压力过紧产生压痕等损伤。根据选框不同，扫描出图应为双半叶或半叶为1拍。

2. 大幅面线装文献

大幅面线装文献宜用可平放、幅面较大的设备。如古籍平铺的开本超过了设备的最大幅面，则只能尝试采取半叶扫描的方式，或者转为拍照。半叶扫描，可将古籍的平铺摆放方向调转90°，使书脊靠在承稿台长边外，一半承托在板上，一半由扫描员或助手托扶。扫描出图应为1拍半叶，且采集不到打孔装订处的信息。

3. 蝴蝶装、包背装文献

这类装帧形式原则上不得拆书，扫描宜用可平放的设备。这两种装帧形式的古籍，扫描前要仔细检查，确认是否每叶都可以完全平铺，不受中缝影响，且都存在绕背包裹书籍的整张书衣（硬纸、布或绫绵裱褶，后期也有软书衣），如此，则无须夹在承稿台之间，而是使两个承稿台齐平，将文献平铺在中间即可。根据选框不同，扫描出图应为 1 叶筒子叶或半叶筒子叶。

4. 卷轴装文献

宜用幅面较大的设备。以平铺横向最大采集幅面为 1 拍，随进度逐渐舒展卷轴，两拍之间应有内容的重叠。需要 1 ~ 2 名助手在两侧协助收卷、展卷，避免藏品滑落及断裂。

5. 经折装文献

经折装文献宜用非落地式设备。经折装古籍的摆放有多种选择，可根据具体需求确定适用何种摆放方式。

两折为 1 拍：应采用具备左右承稿台的设备，将两个台板紧贴，先将经折装古籍放置在右侧承稿台上，紧贴左侧承稿台，扫描封面。然后展开内页，使展开的两折中间也正处在两块承稿台中间。随着不断翻阅，经折装古籍的左右厚度改变，左右承稿台也会自适应改变。此方法优点是摆放简便，采集过程中无须随时调整；缺点是前后文字没有重叠部分，如漏扫不易发现。

多折展开为 1 拍：此方法适用于置于台面上、非落地式的扫描仪。需将经折装文献似卷轴装一样展开平铺，首尾垂落在放置扫描仪的台面上。1 拍采集多折内容，两拍之间应有内容的重叠。此方法优点是前后文字有重叠部分，不易漏扫，并且一次可采集多折内容，减少扫描时间；缺点是在不熟练的情况下，单人操作较为困难，最好有 1 ~ 2 位助手协助摆放，避免藏品断裂。

6. 大幅面单张文献

大幅面单张文献宜用幅面较大的设备。遇到扫描仪最大幅面外的藏品（常见于舆图、拓片），扫描时采取分区顺次扫描的办法，以便图像处理时拼图使用。逐块顺次扫描：首先将藏品的一面划分为若干区域，每相邻的区域都必须有 3 cm 以上的重合部分，扫描顺序按照从左至右、从上至下，再从右至左的顺序扫描。

（二）应用色卡及标尺

不同环境、不同设备及不同显示器之间难免存在色差，为了能够最大限度地还原古籍原貌，应在古籍旁边放置色卡及标尺作为对照。

色卡是一种扫描或拍照的辅助工具，主要用于校对色彩，避免偏色等问题。目前常用的有 TIFFEN（原 Kodak）Q-13、Q-14 色卡，X-rite Color Checker 24色色卡等。此外，还可以根据项目要求，在古籍旁边平行放置标尺，使图像与原书的开本尺寸有所对照。

需要注意的是，色卡标尺的摆放位置与藏品形制及项目要求有关。如图录出版类项目，一般每部文献只采集1拍，则每拍都需要放置色卡；如全本复制的影印出版类项目，则只在封面1拍或前3拍放置色卡即可。

（三）设定扫描区域

操作承稿台上升或玻璃压板下降，使玻璃压板与文献接触。在预扫描时，利用数字化管理软件的选框、画框功能，在预览界面根据古籍的开本大小调整选框，确定扫描出图的区域。一部装帧规范的古籍，其采集图像的像素大小也应尽量保持一致。由于线装古籍的封面、封底往往与正文页面展开后的开本大小不同，应在正式扫描开始前先预扫正文页面，确定合适的画框。画框每边应略大于古籍开本 1～2 cm，以免翻叶一段时间后位置偏移而扫描不全。

设定扫描区域时应注意：

①使展开的书叶尽量充满画框，除特殊要求外不必留很多空白。

②画框不可裁掉天头、地脚及自带金镶玉的衬纸部分。

（四）确定输出路径

在与扫描设备相连的计算机某个分区内建立生成图像的存储路径。一般为三层结构。

第一层：所属项目文件夹。如该书为"中华百部经典"项目而扫描，则建立一个名为"中华百部经典"的文件夹作为第一层。

第二层：在所属项目文件夹内，建立该种文献的文件夹。以该种文献的索书号和题名卷数来命名。如"14967 礼乐合编三十卷"。

第三层：在该种文献的文件夹内，建立册序文件夹。如"14967 礼乐合编三十卷"共有 16 册，则在该种文献的文件夹内分别建立 001、002、003……016 文件夹。如只有 1 册，可以不建立册序文件夹。

完成文件夹结构建立后，根据实际扫描情况，在数字化管理软件中将出图路径选为对应的文件夹。

（五）开始扫描

在扫描设备按下或在计算机数字化管理软件上单击"开始扫描"按钮，扫描设备开始扫描。待扫描完 1 拍之后，设备的承稿台自动下降或玻璃压板自动打开，扫描员可以进行翻叶操作，继续下一叶扫描。

（六）图像重命名

扫描得到的图像，无论是整本还是书影，是用于长期保存还是用于交付流通，都应利用批量更名软件将其重命名为规范、明确、便于检索的文件名。原机器流水号文件名没有保存意义，不利于后期标引和检索，也不利于二次利用。只有被赋予规范化的命名，这些图像才转化为可被反复应用的数字资源。

根据采集项目的具体要求，图像重命名也有多种方式。

1. 全本扫描，用于出版

当图像数据用于提交出版社影印出版时，图像命名应具有明确该种文献内容的区别标识。为避免文件名过长，只保留最关键的索书号、题名及册序信息。

以图像编辑管理软件 ACDSee 为例。设置 ACDSee 批量重命名的规则模板为：索书号＋书名＋第 × 册＋###（三至四位数字，从 001/0001 开始）

2. 全本扫描，用于构建数据库

当图像资源用于数据库建设时，因有些平台无法识别带有汉字字符的文件名，为了管理的规范和整齐，可按照平台的具体要求顺序重命名为 001，002，003……或索书号 +###（三至四位数字，从 001/0001 开始）。

3. 书影扫描，用于图录、读者服务等

图录配图及一些读者服务往往只需要一部文献中具有代表性的个别书叶，通常是具有标识性的题名页、序跋、牌记、卷端页、版画插图等页面。据此采集而得的零散书影图像也应按照其内容或具体位置来重命名，如索书号 + 书名 + 卷端 / 牌记 / 序跋 / 插图。

（七）采集过程中的注意事项

①古籍书叶要平整摆放在承稿台上。如果书叶起伏不平，会导致扫描出来的图像变形。可以用竹起子等平滑的工具先使之平整。

②不要将书叶卷折，避免出现不可恢复的褶皱和压痕。

③扫描中遇到缺叶、缺卷的情况，应及时记录。

④扫描中遇到夹字、夹框、虫蛀、破损严重的，应记录并请示数字化管理员或藏品监护人员如何处理。

⑤尽量按原件本身的翻阅顺序扫描；如因形制原因无法按序扫描，则应做好标记，扫描完成后将图像按照原件本身的顺序重命名，以调整图像在文件夹内的排序。

⑥色卡应与原件正常阅读的方向保持一致，即如需倒置原件扫描，色卡也应倒置在其侧，以便后期旋转调整为正向后，原件与色卡都为正向。

⑦原件表面有其他粘贴物件时，先将原件与粘贴物（粘贴物覆盖于文献）一起扫描；如粘贴物透字，则应在下方垫衬纸再扫描一拍；然后将粘贴物掀开，扫描原本被粘贴物覆盖的原件部分。

⑧如只扫描夹条叶，应先将其余小条塞进两叶之间，不要露出来，以免影响扫描出图的美观性。扫描时翻到夹条的那一叶，取出纸条放在一边，扫描当叶完毕后再将纸条夹回书内。

五、质检

（一）质检工作简述

在保证藏品、数据安全的前提下，质检是数字化工作中很重要的一环，前承扫描，下接数据存储管理。质检通过将采集到的数字图像与古籍原件进行比较，挑出并删除不符合质量标准的图像，标记位置，然后重新扫描或补充扫描以确保扫描图像的质量和数量。扫描或拍照中难免出现颜色异常、叶面漏扫等情况，为保证工作效率，避免重复提书，应强化质检工作，要求当日加工数据当日质检完成，并细化质检内容，以便提高图像采集的准确性。

目前质检主要采用 ACDsee 软件，需要质检员逐叶翻检古籍原件，核对扫描好的数据。一旦发现问题，应交还扫描人员重扫。重扫合格后，将重扫后的图像替代原图像。

（二）质检的必要性

古籍的数字化采集是一个复杂、重复、连续的过程，即使人工操作已经尽量小心，也仍有可能出现因为环境、设备或人员因素产生的质量问题。为了获得高质量的成品数据，人工质检必不可少。

作为数字化采集的对象，每种古籍都有其独特之处，扫描人员应该熟悉每种要扫描的古籍的形式与特征。在采集实践中所遇到的古籍原件多少具有一些会影响采集成品数据效果的问题，如夹字、透字、异常装订形式、文献损坏等。对于这些问题的辨别较为复杂，在没有专业指导的情况下，实际操作就有可能发生困难，摸不着头绪。如果扫描人员未及时采取正确的应对方法，仍按旧标准执行，采集的成品数据将不可避免地出现一些异常状况。如不能及时发现，可能还需要再次提取原书。如此反复的提取、采集不仅降低了实际工作效率，而且有损伤古籍原件的风险。

要认识的一个实际情况是，使用人工操作并不一定能始终做到百分之百可靠。不同古籍的采集标准可能不同，每个人对标准的理解也可能不同，当采集流程中各部分存在的问题不能完全确定时，采集结果也就具有一定的不确定性，也就不能保证图像采集的准确性。另外，古籍数字化采集每日的工作量是非常大的，有时会由于采集人员为了提高采集效率，未注意着重检查图像数据，轻视扫描成品的质量，出现书叶漏扫、图像发虚等情况，只能进行重扫、补扫。因此，为了提高图像采集的准确性，有必要强化质检工作。

另外，扫描设备的故障、扫描环境的干扰、扫描图像的问题也会导致大量的重新扫描。比如图像具有严重的色差、锯齿状斑点、反射的光斑等。倘若扫描的图像有问题未及时查出，则会影响后续的图像处理、出版和资源再利用等诸多工作。

因此，我们需要对图像进行科学细致的检验，以尽量降低错误率、提高图片质量，方能保证采集到的成品数据长期有效。

（三）质检工作的主要标准和常见问题

在实践中，质检工作需要统一的规范和标准，包括如下四点。

1.合格图像的质量标准

采集到的成品数据，必须完整、清晰，满足影印出版、仿真复制等不同用途的图像格式和分辨率要求；扫描的图像应配有色卡、标尺等辅助工具，并且色卡、标尺放置的位置和方向应该是一致的；同一批书应该保持背景和量度的一致性，图像背景不应杂乱；应注意保持叶面干净整洁，不得留下污渍，如毛发、浮签、纸屑等；尽可能避免不适当的处理操作造成的书叶不平和歪斜问题；扫描图像真实反映文献的原始样貌，不能折叠或不完整；单个重补扫图像的大小应与原始图像的大小相同，图像色彩应接近实体文献在自然光下的颜色，以及之前扫描图像的颜色。

通过仔细检查图像，可以获得图像反映的大量信息。质检应注意以下常见问题。

①未放色卡。色卡对于色彩对比度较强的扫描对象非常重要，如法帖、地图等，能够集中显示扫描的色差及色差度。如项目要求封面需加色卡一同采集，实际采集时未放色卡，则属于不合格图像。

②图像发虚或变形。有两种情况：一种是整张图像都发虚；一种是半叶或边角发虚。这往往是扫描时速度太快或者书籍移动导致的。

③色彩异常。色彩异常常表现为图像发红或发绿。需要核查原书，确认是原文献即偏色，还是设备偏色需要调白平衡。

④漏叶。漏叶分两种情况：一种是扫描时由于翻叶手法的问题漏掉了某些书叶，或者漏扫封面和封底，漏扫书内的夹纸等。这种情况如果没有特殊要求，只需补扫所缺书叶，将补扫图像存入相应文件夹即可。另一种是文献本身有缺叶，习称"原缺"。此项信息若及时登记，可以避免后期核查数据或原书的重复性工作。为防止漏扫，目前有两个解决办法：一是扫描员在扫描古籍时，应先检查叶码是否连贯，如发现原缺，扫描员应及时通知数字化管理员并进行记录。二是借鉴其他图书馆的古籍数字化相关经验。对于有缺叶的古籍，按照所缺叶数，插入相应的空白叶，以便到其他收藏单位找到相同版本，采集所缺的叶补上。在原缺位置插一张空白叶以做标识，数据交付的时候一目了然，不会再怀疑是漏扫。

⑤中缝夹字。书脑订线过紧导致中缝部位的字体变形或整行字不可见。如果一部文献中缝存在严重的夹字情况，应在咨询该项目负责人的建议后再行处理。

⑥书叶不全。部分书叶被截断、切边（即使没有文字内容），导致图像不完整。

⑦图像歪斜。书籍放置随意，导致图像歪斜。

⑧版框歪斜。版框中缝的上、下间距不一样，且版框双边不平行。版框的歪斜导致文字歪斜，这将影响图像的后期处理。若书脑订线深度不同导致的版框看起来是梯形，可以调整书脊在左右承稿台中夹住的深度来解决。

⑨反光。图像上出现白色/彩色的摩尔纹或光斑。在质检工作中，我们发现法帖对于扫描的要求比较高，特别是乌金拓，扫描时极易反光，整个图像的字体呈白色；也可能出现白色字体中空的现象。这时一方面需要调白平衡，另一方面亦需检查机器的玻璃压板，如果尘土太多也会导致字体中空。除此之外，纸张本身反光造成的图像发白，也是在质检中需要注意的问题。

⑩特殊命名要求。有些项目要求特殊命名，如"中华字书项目"要求图像封面、序文命名成"ZHZS+ 乙方提供编号 +000×+A00000×"，正文命名成"ZHZS+ 乙方提供编号 +000×+P00000×"，除此之外的内容要命名成"ZHZS+ 乙方提供编号 +000×+Z00000×"。面对这样复杂的情况，需要质检人员以高度的责任心和耐心应对。

⑪特型藏品的处理。对于特型藏品，特别是超大藏品，如舆图、拓片等，还需要在单拍扫描完后交由后期拼图。

⑫浮签的处理。有的藏品叶面上贴有浮签，多者至每半叶 5～6 张浮签，且位置不一，只能一一掀开扫描；遇到浮签透字的，还需加垫衬纸。所以，面对存在浮签的文献时，质检人员应倍加小心，确认扫描人员没有漏扫浮签，更要确认浮签不掉、不错位。

2. 质检方法

首先，确认待质检图像的存储位置。如果质检电脑与扫描电脑设有共享文件夹，则需注意不能随意删除文件。为提高处理速度，可将待检文件夹的扫描图像复制到本地计算机分区以进行质检。

其次，查看图像分辨率。选择图像并查看图像的属性信息，以确定图像分辨率是否符合项目要求。

再次，检查每种文献的图像扫描数量，以避免多扫或漏扫。计算每种文献的叶数，并将它们与实际出图数量进行比较，以获得差异概括，掌握图像冗余或是缺失的概况，然后逐拍翻叶，确认书叶与图像一一对应，图像内容、数量与原书一致。

最后，检查图像质量。利用 ACDSee 软件查看扫描图像，并分别放大到100%，观察在 100% 状态下的图像细节。着重检查锯齿、发虚、彩色条纹、毛发附着、歪斜、遗漏色卡、衬纸褶皱、叶脚翻折、浮签遮字等问题。观察扫描图像是否清晰，边缘是否锯齿状。若发现有对焦失当的情况，则需要将图像放大至 200%，以便发现更多质量问题。

核准各种问题之后，可以安排重新扫描。对于不符合质量标准的单个图像，应该在原书中找到相对应的叶面，夹一张纸条，请扫描员据此重新扫描。

如有多张漏扫，则需要在每个漏扫处夹一张纸条，提醒扫描员不可再次漏扫。扫描员补扫完成后，将图像放入"重补扫"文件夹中，待质检员检查确认合格无误后，再将重补扫图像插回至原始文件中，以替换问题图像。

3.用质检登记表记录质检结果

质检登记可以帮助有效评估扫描质量并复查质检结果。

质检登记表中，应包括古籍文献及扫描图像的相关信息，如索书号、题名、拍数和所属项目名称，质检结果，如是否合格、问题页码、问题类型、备注（原书缺卷缺叶情况应填在备注内），质检日期和质检人姓名。

4.数据回插技巧

数据回插是指将重扫或补扫的图像存储到原来指定的目标文件夹，并使其按照正确的顺序排列。在实践中，我们也总结了重补扫数据存储（回插至指定位置）的小技巧。

图像回插工作需要耐心和细心。如果回插图像数量过多，一个一个核对每个图像的位置和名称（顺序号）非常费时。如何提高回插大量图像的工作效率且保证不出问题？一个小技巧是将不合格图像的编号标注在夹条上，请扫描员重补扫完成后即按照夹条上的标注改名，再统一拷入相应文件夹，替代原图。这样，回插的图像就可以按照正确的文件名排列在正确的位置上，质检数据修正的工作效率大大提高。如果是漏扫回插，可以命名为"××.1"或者"××—1"。"××.1"表示新数据在图像"××"之前，"××—1"则表示在图像"××"之后。补扫后的图像依此命名，质检人员一目了然，依次回插入对应文件夹后，再统一重命名即可。

需要说明的是，新设备测试扫描图像，可能还需要褪底检查。

（四）质检工作的要求

质检是数字化工作中不可缺少的环节，它直接影响着数字化采集的质量与效率。质检工作要求严格按照古籍数字化采集规范执行质检，妥善填写质检表，根据数字化归档要求规范图像数据名称，当日完成数据质检，确保工作效率。

1.严格按照数字化采集规范执行质检

按照数字化采集规范的要求，严格执行图像数据质检，确保图像数据的质量。在保证藏品、数据安全的前提下，切实做好质检工作，以便帮助实现采集过程的质量控制。此外，质检员还要不时地发现问题和及时地解决问题，更新和完善操作标准。

2.妥善填写质检表

在古籍图像质检过程中，存在着漏扫、夹字等不合格图像，应详细记录质检问题，妥善填写质检表。在重扫或补扫的图像正确地存储回原来的文件夹中后，要在质检表中把质检结果更改为合格，从头到尾完整填写质检表。如果遇到难以确定的问题，应在处理之前咨询数字化管理员或项目负责人的建议，并做好备注。

3.根据数字化归档要求规范图像数据名称

为规范和整齐，根据数字化存档的要求，在完成古籍图像数据采集质检的步骤后，在图像数据传输到存储介质之前，应规范图像数据名称，使数据内容更完善，格式更严谨，这些图像才转换成可被方便检索使用的资源。

4.当日完成数据质检确保工作效率

为保证工作效率，避免重复提书，应强化质检工作。要求扫描完成后，扫描数据在当日及时检查，避免质检工作积压。在质检完成后，及时进行整理和归还藏品，减少重复提归藏品工作量。如遇大量重扫、不能按时归还等特殊情况，应与项目负责人协调处理。

六、文献归库

①当日扫描完成后，工作人员对文献进行整理、清点，确保每种、每函文献的册数、次序准确，原书附带的散叶、夹条等各归原位。

②用书车将文献运送至书库，与库房工作人员进行归库交接。

③库房工作人员清点无误后，在提书登记表上登记签字。

④因送去修复不能当日归库的文献，须至库房办理相关手续，由数字化管理人员和修复人员共同签字确认。

⑤与文献出库要求相同，从数字化工作室到库房之间，需要有正式在岗在编的两名工作人员同时运送，并佩戴口罩和手套。

第三节　图像处理

通过扫描、拍照等设备获得的古籍图像，一般作为原始数据被长期保存，存在占据空间较大、存储格式不便于网络发布和传播等客观因素，从而影响古籍图像的直接阅读和利用。目前，大多数不同终端所调阅的古籍图像，都需要借助一定的图像后期处理技术，使之符合交付和发布要求，更好地服务于古籍数字化的开发和利用。

常见的古籍图像处理方法有降点（降低分辨率）、转换格式、添加水印、图像裁剪、批处理、褪底、锐化、拼图等，下面分别介绍。

一、降点

我们在工作中简称的"降点"，是指降低数字图像的 ppi 值。ppi（pixel per inch）是图像中每英寸所包含的像素数目。一般来说，ppi 值越高越能满足更精细的印刷要求。大多数情况下，72 ~ 100 ppi 用于网站图片，100 ~ 150 ppi 可以满足一般读者阅览需求，300 ~ 400 ppi 则用于一般印刷出版项目，而 400 ppi 以上通常用于大型展览文件制作或高仿真制作。原始图像数据的 ppi 数值等同于被采集时扫描仪设定的 dpi 值，一般以 600 ppi 或 800 ppi 保存。

根据不同的应用需求，我们需要对原始数据进行降点处理。在处理过程中，还要具体情况具体分析。在保证阅览清晰度的前提下，可适当调高或调低降点的数值以满足不同的需求。

降点操作一般使用的软件是 Photoshop（以下简称"PS"，样例版本为 Adobe Photoshop CC），步骤如下。

①用 PS 打开需要处理的图像。

②单击菜单栏"图像"中的"图像大小"选项，或使用快捷键 Alt+Ctrl+I。

③在出现的窗口中更改分辨率至所需要的大小，最上方会显示调整之后的图像大小变化。"重新采样"默认勾选自动即可。单击"确定"。

④保存，单击文件中的"存储为"选项，将调整后的文件保存到相应的文件夹（可以事先建立命名带有"300TIFF"或者"150JPG"等带有区别意义后缀的文件夹，以示区分）。此处要注意的是，一定要单击"存储为"，切勿直接单击"存储"，谨防覆盖原图。

此时，降点好的文件已经保存在指定的文件夹中，一拍图像的降点完成。

二、转换格式

图像格式是计算机存储图像文件的格式，常见的格式有 JPEG、PNG、TIFF、PSD、RAW 等，不同格式之间所包含的图像信息并不完全相同。

例如 JPEG 就是如今最常用的图像格式之一。其兼容性高、传输速度快、占据空间小，在保持图片较高质量的前提下进行压缩，但压缩过程中丢失的原始数据无法恢复，是有损压缩。虽然 JPEG 图像不影响一般浏览，但用于高清印刷时还是略显不足。又如 RAW 格式的图像，是指数码相机的 CCD（或 CMOS）获取图像信息后未经任何处理的图像，可以算是无损压缩文件。但 RAW 格式图像占据的空间更大，且兼容性不强，因此在具体使用的时候也经常需要转换格式。

不同格式的图像，其质量和文件大小有很大差别，需要根据不同的需求转化格式，才能最终被运用。目前我们使用的图像采集设备，扫描仪设定的主要输出格式为 TIFF，相机则是 RAW 格式。在此以这两种格式为例，介绍一下图像格式转换的方法。值得注意的是，图像格式转换一般由高质量格式向低质量格式转换，大多数情况下与降点操作共同批处理完成。

1. 将 TIFF 格式转换成 JPEG 格式

需要用到的软件是 PS，步骤如下。

①用 PS 打开需要处理的图像。

②保存，单击文件中的"存储为"选项。此处要注意的是，与降点时的操作相同，一定要单击"存储为"，切勿直接单击"存储"，谨防覆盖原图。

③在弹出的窗口里打开"保存类型"的下拉菜单，选择需要的 JPEG 格式。保存在相应的文件夹中（保存类型可根据需要选择不同的格式保存）。根据不同项目需求，所保存的 JPEG 图像质量等级可以设置为 8、10 或 12，等级值越大，图像文件的数据也就越大。

2. 将 RAW 格式转换为 TIFF 格式

不同相机所生成的 RAW 文件拓展名也不同。一般来说，在常见的相机品牌中，佳能相机 RAW 文件的拓展名为 .CR2，尼康相机 RAW 文件的拓展名为 .NEFO。在此以佳能相机拍摄的 CR2 图像为例，介绍格式转换的方法。需要用到的软件是 Digital Photo Professional（以下简称"DPP"），DPP 是一款由佳能公司出品的专业照片处理软件，主要用于处理佳能 EOS 系列单反数码相机所拍摄的 RAW 图像文件。

步骤如下。

①打开 DPP 软件，在最左侧文件夹栏中找到需要处理的文件夹。单击该文件夹，文件夹里的文件会在右侧的主区域显示。

②如果只需要处理其中某一张图像，则单击并选中该图像；如果此文件夹内的全部 CR2 文件都需要转换处理，则在空白处单击鼠标右键，或使用快捷键 Ctrl+Alt+A，选择"只选择 RAW 图像"，则该文件夹里的所有 CR2 文件全部被选中。选中后，DPP 软件最下方会显示被选中的图像数目。

③单击菜单栏下方的"批量处理"按钮，弹出"批量设置"窗口。首先，单击保存文件夹处的"浏览"，指定转换后图像被保存的位置，并单击"确定"。此处仍可事先新建一个带有"TIFF"后缀的文件夹，以示区分。

④在文件类型的下拉菜单中选择 TIFF-16 位；在输出分辨率中填写需要的分辨率大小，CR2 文件一般可以转换成 300 ppi 或者更低的 TIFF 图像，高于 300 ppi 图像质量可能无法达到。一般不需要在 DPP 中为文件改名，在文件名处选择"当前文件名"即可。

⑤单击"确定"，DPP 开始批量将选中的 CR2 图像转换为 TIFF 图像。需要注意的是，由于相机设备更新换代较快，可能会出现最新拍摄的 CR2 图像不能被当前 DPP 软件识别的问题。此时应登录佳能相机官网，按照提

示下载相应型号相机的补丁并安装即可。

三、添加水印

为数字图像添加水印的操作常见于大型数据库建设项目或读者复制服务。可以添加水印的软件有很多，在此以 PS 为例，介绍为图像添加水印的方法。步骤如下。

①用 PS 打开需要添加水印的图像。

②将水印拖入 PS 中。

③使用变换工具（Ctrl+T）拉动水印大小，调整水印位置。通常将水印居中放置在图像上，但如果图像中存在色卡、标尺等物件，则需要将水印调整至文献页面的中间，而不再是数字图像的居中位置。

用鼠标拉动四周可以调整水印大小，并使其位于版框内居中位置。完成后，单击"提交变换"按钮，或者单击回车键。

④水印大小调整完毕后，还需要对水印的透明度进行调整。首先，在右侧图层面板中选中添加水印的图层，并在菜单栏中单击"图层—图层样式"。

然后，在"图层样式"窗口中对水印的透明度进行调整："混合模式"选择"正常"即可；滑动"不透明度"滑块调整透明度，此时 PS 图像区域中图像上的水印会根据调整显示出不同的透明度，调整时应以既不影响阅读又能够体现水印效果为宜。调整完毕后单击"确定"。

⑤在右侧图层面板中，一边按住键盘的"Ctrl"键，一边单击"背景"和"图层 1"，将两个图层全部选中，再单击鼠标右键，单击"拼合图像"，使图层由两个合为一个。

水印添加完毕后，图像上水印大小及透明度适中，右侧面板也显示图像已拼合完毕。

⑥选择"存储为"，保存图像。可事先新建带有"水印"后缀的文件夹以示区分。

至此，1 拍图像的水印添加完毕并保存在相应的文件夹中。

四、图像裁剪

根据不同的应用场合，需要对图像进行不同方式的剪裁，如截掉书叶四周多余黑边以减少图像存储空间，或只需要半个筒子叶等应用情况。此时需要用到 PS 中的"裁剪"工具。

①用 PS 打开需要裁剪的图像，单击工具栏中的"裁剪"工具。

②裁剪保留的区域会以一个矩形方框表示。用鼠标拖动矩形四周可以调整裁剪区域的大小。操作者可以预览裁剪后的效果，裁剪后保留的部分显示为图像原色，舍弃的部分即矩框外部显示为暗色。根据交付的具体需求，将矩形方框调整至所需大小。

有的文献在图像采集时没有完全放置水平，则还需要进行纠斜操作，调整图像至相对水平。将鼠标置于矩框四角任一角的外部，鼠标箭头变为双箭头曲线时则可以开始图像旋转。旋转图像至与出现的网格对齐，则图像已旋转至相对水平。

③将裁剪矩框调整至所需大小后，单击"进行变换"对钩或回车，完成裁剪动作。

④选择"存储为"，保存裁剪后的图像。可事先新建带有"裁图"后缀的文件夹以示区分。

需要说明的是，在对古籍数字图像进行裁图操作时，必须保证叶面信息的完整。即使没有文字内容，也不可以随意裁掉书叶边缘。特别精细的图像裁切要求，建议以外接手写板描边抠图的方式处理。

五、批处理

批处理是对多个图像进行批量处理的功能。当需要处理的图像数量较大且动作重复时，就可以使用批处理帮助我们更为高效地完成图像处理工作。降点、转换格式等操作都可以使用批处理。

以线装古籍为例，书籍都是具有一定厚度的，因此每拍图像反映的书籍展开时的形态都会有细微差别。通常情况下，书籍的前后部分和中间大部分会有所差异，封面、封底的尺寸只是书籍展开时的一半。在存在此类差别的情况下，添加水印和图像裁剪时可将差别不大的文件先挑选出来，有选择地使用批处理功能，再进行个别图像的调整。

要使用批处理功能，首先要建立一个"动作"，后续使用该"动作"来进行批处理。例如，想要进行降点的批处理，则需要先建立一个降点的动作；想要进行加水印的批处理，则需要先建立一个加水印的动作，以此类推。需要用到的软件仍然是 PS，步骤如下。

①打开 PS，在菜单栏的"窗口"中勾选"动作"，调出"动作"面板。

②在动作面板中新建动作，单击"创建新动作"图标。在弹出的新建动作窗口中输入动作名称、组别等信息，如"100JPG""300TIFF"等，标明该动作的具体参数，以便下次可以直接使用。更改完毕后单击"记录"。

③单击"记录"后，在动作记录的状态下（红点亮表示正在录制）开始完整地进行一拍图像的处理操作，如将一拍 600 ppi 的 TIFF 图像转换成300 ppi 的 JPEG 图像，即从打开图像到图像另行存储完毕为止。这个环节就是 PS 将每一步操作完整录制下来的过程。所有步骤做完后，单击动作面板的"停止动作"图标，结束整个动作的录制。

④录制完动作后，方能开始正式使用批处理功能。单击菜单栏"文件—自动—批处理"。

⑤在弹出的批处理窗口中选择所需的具体动作，如上文所述"300JPG"动作；在"源文件夹"处选择待处理图像所在的文件夹，在"目标文件夹"处选择处理后图像所存的文件夹，单击"确定"。计算机开始自动逐个将源文件夹里的所有图像按照"300JPG"的动作处理并存储到"目标文件夹"中。

需要注意的是，批处理一般需要勾选"包含所有子文件夹"选项。勾选该选项将会对此文件夹内所有图像文件进行处理，存储时所有文件均存于同一文件夹下。因此，此操作要求源文件夹内文件的名称不能有重复，且能够相互区别，否则在批处理过程中会产生文件覆盖。

六、褪底

褪底是指对图像保留所需要的内容，去掉其他部分，其本质为更换背景。褪底是古籍仿真复制品制作及古籍出版的后期图像处理的重要一步。主要方法为 PS 里的 alpha 通道抠图法。通道抠图是指利用图像的色相差别或者明度差别，为图像建立选区从而脱离背景。

操作步骤为：

①打开目标文件。

②在工具栏中，选择"窗口"→"通道"，打开通道面板。

③在红、绿、蓝三个颜色通道中选择图像对比度最明显的一个通道——图像与背景明暗差别最大，点击鼠标右键选择复制通道，并隐藏其他通道。

④选择拷贝的红色通道，在工具栏中依次选择"图像"→"调整"→"色阶"（快捷键 Ctrl+L），打开色阶面板。进行色阶调整。勾选"预览"选项，移动色阶滑块，直到将图像明暗对比度设置到最高。

单击红色拷贝通道，同时按下 Ctrl 键，可看到字体边缘被虚线选中。

⑤依次选择"窗口"→"图层"，打开图层面板，单击图像图层，反选选区（快捷键 Ctrl+Shift+I），复制图层（快捷键 Ctrl+J），完成褪底。

图像褪底的标准是清晰、完整地将所需图像内容与背景分离。褪底除了是图像处理的手段，还是检验图像扫描质量的标准。图像褪底后，在 100 %视图下浏览，如果字迹或图形边缘清晰自然，无明显锯齿，则说明图像质量合格；相反，如果字迹图形边缘有明显锯齿，则说明图像质量不合格。

七、锐化

锐化是指通过图像处理软件快速提高图像聚焦程度，改善图像边缘清晰度。在古籍扫描过程中，由于扫描仪硬件设备的限制，数据图像会呈现轻微模糊状态，这时则需要适度锐化图像加以改善。常用到的锐化功能为 PS 中的 USM 锐化。USM 锐化主要用来锐化图像中的边缘，增强边缘对比度。

操作步骤为：

①打开目标文件。

②选择"滤镜"→"锐化"→"USM 锐化"，打开 USM 锐化面板。

③调整锐化数值。图中"数量"指锐化效果的强度，数量越高，强度越大；"半径"指锐化的半径，该值决定了边缘像素周围影响锐化的像素数，半径数值越大，分辨率越高；"阈值"指相邻像素之间的比较值，该值决定了图像边缘锐化范围。需要注意的是，一旦锐化结果存储完，图像将无法恢复至原始状态，所以原图在处理前需要另存备份。

锐化标准为图像轮廓边缘清晰，无明显白色描边。

八、拼图

拼图是古籍数字化图像处理中较常用到的功能，按数据对象可分为两种：线装书筒子叶拼图和舆图、拓片、卷轴等大幅面图像拼图。

1. 筒子叶拼图

筒子叶拼图主要运用于古籍线装书的图像处理。由于线装书是由若干整张筒子叶对折，开口朝订口方向装订而成的，故扫描图像由前一张筒子叶的 a 面和后一张筒子叶的 b 面组成。想要得到一张完整的筒子叶图像，需将两张扫描图像的 a、b 页分别框选，截取出来，按"左 b 右 a"的方式拼接在一个画面中。

操作步骤为：

①打开目标文件：扫描图 001、扫描图 002。

②用选框工具（快捷键 M）将图 001 的 b 面与图 001 的 a 面完整框选，将两面按 a 面在右、b 面在左的规范拼接在一起，拼图时需对齐版框，最后拼成一张完整的筒子叶。

2. 大幅面图像拼图

单张大幅面的文献图像是在古籍数字化中较为特殊的一类。由于扫描设备幅面的客观限制，很多超大文献的数字化需按顺序进行局部分区扫描，扫描完成后再拼接成一幅完整图像。分区扫描的图像数据，相邻两个图像间都必须有重复部分，通常采用自动拼图法。

操作步骤为：

①选择"文件"→"自动"→"photomerge"，打开"photomerge"自动拼图面板。

②选择"浏览"，打开需要拼图的图像，选择"确定"，等待 PS 自动拼图完成。

合格的拼图图像标准为图像无拼接痕迹，完整清晰。

如无法自动拼图，则需按照筒子叶拼图操作步骤，将重复部分手动合并、对齐，完成拼图。

第四节　数据入库与交付

当一部古籍采集到的图像完成了质检、重补扫等步骤，确认无误后，则可以转移到独立稳定的存储介质上用于长期保存，并对其进行著录，即为数据入库。

当一个项目内规定的所有书目都完成数字化后，则可以着手准备交付数据。再次通读所签订的复制合同或复制申请单，核对所采集的书目是否与合同或申请内所附的目录一一对应，实际扫描出图数量与合同上的预估拍数是否相差过大，交付数据有无添加水印、拼图等附加需求，有无补充合同及书目的增减调整等。尤其注意确认合同对交付数据的分辨率与格式要求，以便按照需求进行图像处理。

在双方确认无误的情况下，可形成项目结算清单（表 4-1）。

表 4-1　项目结算清单

序号	索书号	题名卷数	版本	单价		实际拍数	费用
				底本费	扫描费		
						总价：	

整理好项目结算清单，办理完账务手续后，即可向对方交付数据。交接数据时，双方应当面核对交付数据的目录及交付拍数等信息，严格按照合同

规定的要求执行，做好电子版及纸质版交接记录。交接记录至少应包含以下几方面信息。

①数据接收人及所属单位；

②项目或复制协议名称；

③项目限定用途；

④项目编号／合同编号；

⑤拷贝图像格式；

⑥拷贝图像分辨率；

⑦拷贝图像大小；

⑧拷贝方式；

⑨拷贝数据目录；

⑩经办人签名；

⑪签收人签名；

⑫交接日期；

⑬批示信息。

数据交付可能发生在图书馆对外服务，也可能发生在图书馆内各个部门之间。为此，我们所使用的交接记录表略有差别，对外交付数据所使用的表单称为"数据流出申请单"；如果是馆内部门之间交接数据，则称所使用的表单为"数据提供申请表"。

一个项目在交付数据后，有可能会收到需要数字化方复核原书是否缺卷缺叶、是否漏扫等来自合作方编辑的反馈。根据合作方的反馈，应提取存储设备仔细核对原始数据；如遇到无法确定的问题，应向库房申请再次提取原书核对，排除漏扫或进行补配扫描，尽力将问题解决。

第五章　古籍数字化对象数据的保存与管理

第一节　对象数据性质分析

在整个古籍数字化工作中，除了前期的采集实践，后期对已经采集到的图像进行保存和管理也是非常重要的一环。只有将采集到的图像进行储存及合理的分类管理，整个数字化的采集工作才算真正完成。

古籍数字化对象纷繁复杂，涉及古籍实体信息，如册数、装帧形式，古籍内容信息，如版本、著者等专业性较强的知识点，还涉及采集操作中的技术参数及人员因素，每一拍图像实际上都包含或附带丰富的信息；同时，由于技术日新月异的发展，采集设备更新迭代迅速，成像更加精细，容量也相应增大，实际操作中产生的原始数据数量愈加庞大。这些因素都增加了保存和管理古籍数字化对象数据的难度。可以说，数据管理是为古籍数字化整体质量把关的最后一步，也是后续数据能够准确利用的关键和开端。

古籍数字化对象数据指的是古籍实体书经过数字化过程采集而得的数字资源，本书主要指图像类型的对象，即数字图像。与产生时即以数字形态存在的原生性数字资源不同，经过古籍数字化采集得到的数字图像在性质上属于实体馆藏再建数字资源。古籍本身的内容也由以传统纸质为载体，转变为以磁盘、光盘和网络为介质的数字形式来承载。自采集及介质转化后，古籍的内容可以数字形式发布、存取和利用。

古籍数字化对象数据具有信息量大、可长久保存、可复制、资源利用广泛等特点。首先，对象数据可以是一个独立文件，如一个 TIFF 格式的图像文件，其内容可以是某部书籍的卷端页，也可以是包含多个文件的复合体，如按一定层级结构存储的多个 TIFF 格式图像文件，其内容是一部完整的古籍。除了文件自身的属性，对象数据还可以反映文献本身的一些信息，并可以关联与之相关的采集信息。因此，长期开展的数字化工作会产生大量的对象数据本身及相应的图像著录信息，逐渐形成海量历史数据，需要拟定合理的规范对其进行保存和管理。其次，对象数据作为一种计算机文件，存储的是每个像素对应的颜色值，本质还是由 0 和 1 组成的比特串，理论上只要物理存储介质不损坏、不受计算机病毒感染，是可以永久保存且无限复制的。最后，对象数据作为一种数字资源，其应用的模式和范围都较实体文献更为广泛，如付诸出版发行、压缩用于网络阅览服务、构建多媒体数据库、作为 OCR 的前提等。

一、数据级别

对象数据的级别包括两种。

保存级别：该文献进行数字化的最高规格数据。一般不允许对外拷贝，可作为馆藏保存，是古籍实体的永久备份。

交付级别：按照合作单位 / 个人要求提供的数据。刻录光盘或者拷贝至 USB 闪存盘 / 移动硬盘提交给对方，图像参数不应超过合同要求，获得数据的单位 / 个人对数据的使用受合同的约束。

保存级别的数据可以转制成交付级别的数据，反之则不行。在存储介质容量有限的情况下，先保证保存级别的数据完整、准确、安全地存放，交付级别的数据可以仅临时保存，提交后删除以腾出空间；在存储介质容量富裕的情况下，交付级别数据也可以另行存储一份，尤其是与保存级别格式不同的小图，可以按所属项目、藏品类型等分类保存，便于后续的阅览、查询、校对和编目等应用。

二、数据属性

（一）格式

格式是信息资源的物理或数字表现形式。长期保存级别的数据是为长期保存及高品质的仿真印刷使用，即设备采集到的原始数据。作为古籍数字化中的最高规格数据，其在对图像保存格式的选择上应满足以下要求。

①格式应是开放的，以保证其较持久的生命周期。

②格式应具有公开的标准，以保证其长期的可访问性。

③格式最好为不压缩或无损压缩，对原有信息的处理尽可能少。

④格式应对存储介质不具有依赖性。

⑤格式应容易转换，便于之后的使用。

就扫描设备而言，目前 TIFF 是较为理想的、以长期保存为目的的数字资源图像格式。TIFF，即标记图像文件格式，文件后缀名为".tiff"或".tif"。TIFF 是由 Aldus 和微软联合开发的一种位图图像格式，兼容性好，几乎为所有图像编辑和页面排版应用程序所支持，且适用于不同的平台，是一种标准的印刷格式。其特点是图像储存细节多，容量较大，有压缩和非压缩两种形式。由于 TIFF 的压缩都是无损压缩，扫描图像可采用 LZW 无损压缩方案存储。

就拍照设备而言，RAW 是未经处理、未经压缩的，较为理想的，以长期保存为目的的数字资源图像格式。不同相机 RAW 文件的拓展名不同，如用佳能相机进行拍照采集，那么入库数据应该是 CR2 图像。

对于交付级别数据而言，JPEG 是目前最灵活和流行的图像格式。JPEG 文件后缀名为".jpeg"或".jpg"，是一种有损压缩格式，会丢失一部分图像细节；但体积小、兼容性好，支持多种压缩级别；使用 24 位真彩色存储单个位图。在 Photoshop 中以 JPEG 格式存储图像时，软件提供 0～12 个质量等级，0 为压缩最多，12 为压缩最少；压缩越少，图像品质越好。目前交付级别数据常用的质量等级在 8～12。

JPEG2000 可以看作 JPEG 的升级版，通常被认为是未来取代 JPEG 的下一代图像压缩标准。JPEG2000 是基于小波变换的图像压缩标准，压缩比率更高，保存画质更好，也支持更复杂的渐进式显示和下载。文件后缀名为".jp2"。目前一些专项数字资源建设项目已将发布级数据的格式规定为 JPEG2000。

（二）位深度及色彩模式

位深度指的是存储每个像素所用的位数（bit，每个二进制数字 0 或 1 就是 1 个位）。像素（pixel）又称画素，是图像显示的基本单位。计算机是用每个像素需要的位深度来表示数字图像的颜色的，也可以理解为，一个像素所能表达的颜色种数取决于它有多少位。例如，一个黑白二色图像，它只有黑、白两种颜色，需要两个不同的值来表示——0 或 1，即需要 1 位二进制数，位深度为 1。而一个支持 256 种颜色的图像，需要 256 个不同的值来对应表示——从 0 到 255，换算成二进制就是 00000000 到 11111111，即共需要 8 位二进制数，位深度为 8。也就是说，一个图像所能表现的颜色种数等于 2 的位深度次幂。在古籍数字化工作中，采集保存级数据时一般要求最低位深度是 24，即 16 777 216 种颜色。位深度越大，颜色表现就越逼真，图像所占空间也就越大。常见的位深度值如下。

1 位：2^0，2 色，黑白。

8 位：2^8，256 色，灰度。

16 位：2^{16}，65 536 色，高彩色。

24 位：2^{24}，16 777 216 色，真彩色。

32 位：$2^{24}+2^8$，一般 Windows 下 32 位色指的是在 24 位色基础上增加了 8 位 ALPHA（透明度），因此 32 位色和 24 位色的颜色种数是相同的。32 位色又称为全彩色。

48 位：2^{48}，281 474 976 710 656 色。

这里还涉及颜色通道的概念。由上可知，1 个 24 位图像像素点的取值范围在 0 ～ 16 777 216，范围非常大。那么如何根据某个像素点的值来判断它的颜色呢？我们知道红色（R）、绿色（G）、蓝色（B）是三原色光，如果用 8 位代表其中一种颜色的亮度强弱变化取值（色阶），也就是 R、G、B 三个颜色的取值范围都是 [0，255]，这样 24 位图的每个像素点颜色值的范围就是（0 ～ 255，0 ～ 255，0 ～ 255）。R、G、B 也就是三个颜色通道。所以，24 位图也可以称为 8 位 / 通道：8 位 ×3 通道 =24 位数据 / 像素。这种方法就是 RGB 色彩模式，又称为色光加色法。我们显示屏上显示的图像都为 RGB 模式图像。

需要注意的一些细节是：

①8个位构成1个字节：1 byte=8 bit。

②色阶是表示图像亮度强弱的指数，与颜色无关。

③除了RGB色彩模式，常见的还有CMYK色彩模式。CMYK模式又叫印刷色彩模式，是一种针对印刷业设定的颜色标准。其颜色种数一般没有RGB模式多，RGB色转为CMYK色时颜色会有部分损失。当图像用于印刷时，应选择CMYK模式。

（三）分辨率

分辨率的概念包含很多方面，与古籍数字化相关的是图像分辨率和打印分辨率。

图像分辨率通常表示成ppi，即每英寸所表达的像素数量，是逻辑上图像的大小。打印分辨率通常表示成dpi，即每英寸所能打印出来的油墨点数。从概念上来说，两者并不相同。ppi指的是原始图片产生时的摄入分辨率，决定了此图片的最高清晰程度；而dpi指的是将摄入图片显示或打印出来的分辨率，同打印机或扫描仪的硬件相关。从技术上来说，像素（P）用于计算机显示领域，油墨点（D）则只用于打印或印刷领域。但在专业扫描领域，扫描设备采集图像时每一个采样的油墨点（D）和所生成图像的每一个像素（P）都是对应的，即1∶1输出，所以采集设定的dpi值和生成图像的ppi值往往是相同的，故两个概念存在混用的情况。

对扫描生成的图像来说，原始数据的ppi图像分辨率数值等同被采集时扫描仪设定的dpi值。而交付级别数据一般会经过Photoshop进行降低图像分辨率的操作，使得数字图像的像素数量变少，两个数值则不再等同。

在Photoshop中进行降点操作时，应注意以下几点（具体操作步骤详见第三节）。

①Photoshop里的分辨率指的是打印时的图像分辨率，显示为像素/英寸或像素/厘米（ppi）。

②像素大小控制数据量，而分辨率和实际尺寸（单位为英寸/厘米等）仅用于打印。像素大小等同于文档大小乘以分辨率：水平像素=文档宽度×

分辨率，垂直像素＝文档高度 × 分辨率。更改图像的像素大小会使图像逻辑上的大小发生变化，影响图像的质量，同时也会使图像在屏幕上和打印时的大小发生变化。

③如需将保存级别数据转制为交付级别数据，即需要改变图像的像素大小，必须选中"重新采样"才能操作。选中后，独立地调整分辨率或文档大小都可以更改图像中的像素总量。如取消勾选"重新采样"，分辨率和文档大小只能调整其一，因为 Photoshop 会自动调整另一个值以保持像素总量不变。相应地，在文档大小的宽度和高度调整栏里也就不能选择以像素为单位。

④如不改变图像的像素大小，仅调高分辨率，虽然当下视图看不出变化，但实际上再查看文档大小时会发现数值（单位为英寸或厘米状态下）已经变小；此时查看"视图—打印尺寸"，可看到打印时实际尺寸的缩小。反之亦然。

⑤除去文件格式的因素，文件大小与图像的像素大小成正比。文件大小＝像素宽度 × 像素高度 × 位深度 /8，单位为 byte。例如，图像像素宽度为 10559，高度为 9363，位深度为 24，则该图像文件大小的计算方式为：$10\,559 \times 9363 \times 24/8 = 296\,591\,751$。$296\,591\,751\ \text{B} = 289\,640.4\ \text{KB} = 282.9\ \text{MB}$。

附：Photoshop 图像大小对话框相关用语及中英文对照

①图像大小 image size（在某些 Photoshop 版本中，对话框内的"图像大小"被赋予文件大小的意义）

②像素大小 pixel dimensions（图像的宽度和高度，某些版本也译为"图像大小"）

③文档大小 document（output）size（打印时图像的实际尺寸，包括宽度和高度，单位一般为厘米或英寸等）

④文件大小 file size（图像文件的数字大小，以 K、MB、GB 为度量单位）

⑤分辨率 resolution（以 ppi 为单位）

⑥重新采样 resample image（重定图像像素）

三、常用的数字图像技术规格

综上，对于古籍数字化扫描来说，保存级别的数据应采用 TIFF（无压缩或 LZW 无损压缩）格式输出，位深度为 24 位，且打印分辨率在 400 dpi 或以上的高分辨率来进行采集。在条件允许的情况下，600 dpi 更为合适。TIFF 格式、高分辨率的数字图像包含的信息更多，还原度高、视觉效果好；局部图像可按需求放大、缩小；可满足后续印刷出版、电子图书、读者复制等需求。尺寸较小的古籍文献或照片则需用 800 dpi 或更高的分辨率进行采集。

常见的古籍数字化三种途径采集而得的保存级别图像技术规格要求如表 5-1 所示。

表 5-1　保存级别图像技术规格要求

标准 采集方式	扫描	拍照	缩微胶片 数字转换
输出图像格式	TIFF（LZW）	RAW（sRAW）	TIFF（LZW）
采集位深度	24 位	16 位	8 位
采集分辨率	600 dpi 以上		400 dpi 以上
采集像素		2100 ~ 3300 万	
色调再现	ICC 配置文件		

以一部复制目的为网络发布而进行图像采集的古籍为例。其扫描时设定的分辨率为 600 dpi，输出图像格式为 TIFF。它的保存级别数据应以最高规格的 600 ppiTIFF 来存储；同时，这部书还需以分辨率为 150 ppi、图像格式为 JPEG 在网络上发布——转制成交付级别数据，则应按要求对原始图像进行降点、转换格式、添加水印等操作，再行交付。

常见的几种为不同用途服务的图像技术规格举例如表 5-2 所示。因图像文件大小与所采集的藏品形制有很大关系，表 5-2 统一以善本古籍最常见的线装书为例，所描述的图像容量为 1 拍双半叶或筒子叶的文件大小。

117

表 5-2   不同用途的图像技术规格举例（线装书）

图像格式	分辨率	用途（向下包含）	容量	数据级别
TIFF	800	高仿、永久保存	300～500 MB	保存级别
TIFF	600	高仿、永久保存	150～400 MB	保存级别
TIFF	400	出版	120～180 MB	保存级别
TIFF	300	展览	50～80 MB	交付级别
JPEG	300	图录、插图	7～20 MB	交付级别
JPEG	150	读者服务	0.8～4 MB	交付级别
JPEG	100	阅览、校对	200～600 kB	交付级别
JPEG	72	网络发布、流通	100～300 kB	交付级别
GIF	96	网络发布、流通	100～500 kB	交付级别

第二节   对象数据的保存与著录

一、对象数据的保存

当对一部古籍的采集图像完成了质检、重补扫、重命名、采集登记等环节后，该部古籍的图像即为合格的可入库对象数据。入库是指将数字图像从计算机磁盘或中转盘中转移到独立稳定的存储介质上用于长期保存，同时对其进行多方面的著录描述。对数字图像的保存操作和对其的著录操作一起完成了资源入库环节。本节主要讲数字图像的保存，对其的著录详见本章第三节。

通常，在存储介质容量容许的情况下，保存级数据和交付级数据都可以进行入库；否则，应先保证保存级数据的存储。数据的入库与资源描述登记也应遵循一定的原则。

（一）数据转移及登记原则

数字图像作为一种电子文件，虽然具有可复制、可传播的优势，但它的长期保存依赖着计算机硬件配置、存储介质的寿命，以及数据管理人员操作的规范与否。光盘、磁盘的自然老化和人为损坏，以及人员的误操作都可能影响数据的有效性。在数据的转移过程中，必须保证数字图像的安全性、完整性和邻近性。

1. 安全性

转移的目的是确保数据长期保存的安全并可被重复利用。失去了安全性，转移便失去了意义。安全性包括：①转移技术的安全，即确保转移操作不会对数据产生危害；②转移实体的安全，即所选择的存储介质应是安全可靠的载体，避免选择不稳定、低质量的载体，防止因载体导致数据失效；③数据本身的安全，即确保数据是有效的，可被正确地访问和查询，保证数据长期可读。

2. 完整性

在转移的过程中不可丢失任何数据，要确保从计算机或中转盘中的数据完整地被入库至目标载体中。完整性包括：①内容的完整性，即数据内容应该被完整地转移；②附件的完整性，即数据可能还包括用于描述问题的文档、用于链接的超文本和用于记录外观的拍照数据等，也都应该完整地保存下来；③参考的完整性，即参照图像对象的真实产生过程和具体技术规格的记录，如加工记录单，输出格式、采集分辨率、采集设备名称和型号等都应被完整记录和转移，形成著录描述的一部分（详见本章第三节）。

3. 邻近性

具有共同属性、相似特征的数据应保存在同一或邻近的存储空间，使得数据尽可能科学、合理地排列，便于二次利用。邻近性需要根据藏品本身的特征、图像数据的属性特征及物理介质情况来综合考虑。例如：同一种文献的数据尽量保存在一起；同一种藏品类型的数据尽量保存在一起；同属一个项目的数据尽量保存在一起；索书号或图像 ID 邻近的应就近保存。

在具体的转移操作上，数据管理人员还应考虑几点：一是要及时转移，形成定时计划，不可滞后拖延。扫描数据不应在计算机磁盘或中转盘中存留太久，时间越久，各种不确定因素也就越多。整理完毕后，应尽快转移到目标存储介质上，完成入库登记。二是要对数据管理具备全局意识和前瞻意识。转移前应对现有的硬件配置和存储介质容量进行科学合理的评估，并对所进行和即将进行的项目可能产生的数据量进行预估，妥善分配磁盘空间，评估最优方案。

（二）存储介质的选择

古籍数字化对存储空间的需求是相当大的。以常规的 600 dpi 采集、TIFF 格式存储为例，按照每个图像文件大小在 150 MB 左右、一位扫描员一天扫描出图量在 500 ～ 800 拍计算的话，每台设备每天扫描出来的图像文件大小就在 80 GB 左右，占用空间非常大。目前，办公电脑的主流配置是 500GB ～ 1TB 的硬盘总容量，个别加装硬盘的电脑或图形工作站等可达 2 TB。除去系统和软件所占用的容量，办公电脑至多只能暂时存储十多个工作日扫描的图像数据，经常会出现空间不足的情况。所以，及时将暂存在电脑硬盘上的数据转移至独立硬盘或其他介质上也是数据管理工作的重中之重。针对大容量图像数据的移动和保存，存储介质的容量、速度和成本是需要考虑的几个方面。

1. DVD 光盘

DVD（digital video disc）现称为数字通用光盘。理论上 CD 的存储容量为 700 MB，DVD 的存储容量为 4.7 GB，远远超过 CD。其产生之后使音视频等多媒体的存储达到一个新的水平。DVD 家族存储介质的技术指标如表 5-3。

表 5-3　DVD 家族存储介质的技术指标

分类	全称	定义	写入次数	存储容量
DVD-R/-FR	DVD-Recordable	可刻录光盘	1 次	3.95/4.7 GB
DVD-RW/+RW	DVD-Re Writable	可重写光盘	1000 次	4.7 GB
DVD-RAW	DVD-Random Access Memory	可重写光盘	10 万次	2.6/4.7/5.2/9.4 GB

在这几个类型中，DVD-RW 最为易用、兼容性好。但其缺点是，一张 DVD-RW 的格式化需要 1.5 小时左右。而 DVD-RAW 的格式化则不足 1 分钟，格式化后可以直接进行写入和擦除。DVD-RAW 还支持随机存储数据，操作与硬盘类似，可以本地进行剪切与编辑；可重写次数多，且保存年限较长。但是在兼容性上，DVD-RAW 不如 DVD-RW，只能用于 DVD-RAM 驱动器。

与硬盘相比，DVD 作为存储介质的突出优点是：

①寿命长，可达 30 年；DVD-RAM 可达 100 年。而硬盘的寿命只在 3 ～ 10 年。

②装载快，置入光盘后可在数秒内被驱动器读取，也基本不存在类似硬盘弹出失败的情况，可以很方便地接入和断开。

③耗电较低，光驱不工作时耗电很低，只在运转时耗电；而硬盘一直都在高速运转，从而一直耗电。

但 DVD 作为存储介质的不足也很明显：

①容量不足。DVD 单面最多可存储 4.7 GB 的数据，实际容量可能更低。一部两三册的古籍数字化保存级数据大约在 15 GB，需要最少四张光盘存储。DVD 的容量较小导致刻录的数量会显著增多，刻录的时间成本和人力成本也会增大。

②传输速度较慢。在传输速度方面，DVD 上标注的 1 ～ 16× 是理论上这个盘片所能支持的最高刻录倍速：

1×（1 倍速）基本传输数据速率为 1.31 MB/s 左右；

4×（4 倍速）基本传输数据速率为 5.27 MB/s 左右；

8×（8 倍速）基本传输数据速率为 10.55 MB/s 左右；

12×（12 倍速）基本传输数据速率为 16.20 MB/s 左右；

16×（16 倍速）基本传输数据速率为 21.13 MB/s 左右。

但在实际应用中，DVD 传输数据的速度往往达不到上述数值，其取决于刻录机和盘片的兼容性：即使是 12 倍速甚至 16 倍速，其传输速度可能都比不上硬盘 USB2.0 接口的传输速度。

③成本并不一定低廉。虽然单张盘片成本较低，但假设存储一份 2 TB 大小的图像数据，DVD 盘片需要用到 500 张，而硬盘则只需要 1 块即可。

2. 硬盘

硬盘有机械硬盘和固态硬盘之分。

机械硬盘（hard disk drive, HDD）是传统的普通硬盘，采用磁性碟片来存储。其工作方式是通过机械方式来实现的，即驱动盘片高速旋转，磁头定位在盘片的指定位置上进行数据读写。机械硬盘一般被密封固定在硬盘驱动器中。

固态硬盘（solid state disk, SSD）使用闪存芯片来存储，内部是闪存，没有盘片等机械部件。

两者的性能对比见表 5-4。

表 5-4　固态硬盘和机械硬盘性能对比

对比项	固态硬盘	机械硬盘
最大容量	4 T	12 T
连续读写速度	主流 500 MB/s	主流 100 MB/s
使用寿命	SLC：10 万次读写；MLC：1 万次读写	读写几乎不影响寿命
防震抗摔能力	很好	较差
数据恢复	很难	容易
长期存储数据	不适合	适合
成本	昂贵	低廉

这两种硬盘如果放到移动硬盘盒里，就成为移动硬盘（mobile hard disk,MHD）。移动硬盘作为一种外部存储设备，是以硬盘为存储介质，用于在计算机之间交换大容量数据的便携存储产品。由于移动硬盘盒自身技术上的限制，固态硬盘装在其中会影响性能发挥，传输速度也不高，所以市面上很少能见到固态的移动硬盘。目前，大多数移动硬盘都是以机械硬盘作为存储介质。

移动硬盘的特点包括如下几个方面。

①容量大。市面上常见的移动硬盘容量有 500 GB、1 T、2 T、4 T，甚至 8 T。

②体积小。在容量越来越大的同时，移动硬盘盒的体积也做到越来越小。常见的是 2.5 英寸和 3.5 英寸这两种。2.5 英寸移动硬盘盒无须外置电源，直接用 USB 接口供电，体积小、重量轻，便于携带；3.5 英寸移动硬盘盒内使用的是台式机硬盘，一般自带外置电源，体积偏大。目前，大容量硬盘也在往小体积的方向发展。

③传输速度较快。移动硬盘大多采用 USB、IEEE1394 等接口，可以较高的速度与计算机系统进行数据传输。USB2.0 接口的移动硬盘插在电脑 USB2.0 插口上，实际速度能达到 20～30 MB/s；USB3.0 接口的移动硬盘插在电脑 USB3.0 插口上，实际速度能达到 60～100 MB/s。要注意的是，USB3.0 可向下兼容 USB2.0，但 USB2.0 设备接在 USB3.0 插口上，性能并

不会有明显提升。其中，3.5 英寸硬盘的转速较高，传输速度要高于 2.5 英寸硬盘。

④使用方便。目前主流电脑都配有 USB 接口，USB 设备在大多数操作系统中都不需要安装驱动程序即可使用，可做到"即插即用"。因此，移动硬盘在某种程度上可以说类似于一个超大 U 盘（虽然两者的存储原理并不相同）。

⑤较为脆弱。在读写数据时，晃动、翻转、震动都很容易使硬盘产生坏道，可能导致某些图像无法读取；久而久之，严重的甚至致使硬盘报废；即使不工作时，硬盘发生猛烈的撞击，如从桌面摔落到地上，也可能把磁头摔移位导致故障。

移动硬盘虽然依托于机械硬盘，但两者仍存在一些差别。例如：在抗摔性上，移动硬盘因有硬盘盒保护，安全性略强于机械硬盘；在数据存储速度上，移动硬盘则略逊于机械硬盘，且远远比不上固态硬盘；在使用寿命上，机械硬盘的寿命一般长于移动硬盘。

结合上述分析，作为存储介质来说，硬盘与 DVD 各有优缺点。

针对古籍数字化的实际内容，大量数据周转的工作使得存储介质的容量和传输速度显得尤为重要。因此，综合考虑各种技术指标与性能比对的结果，以及为能及时缓解计算机磁盘空间不足的困境，一般优先选择大容量硬盘作为数据转移和保存的目标载体，DVD 则作为辅助载体。2.5 英寸移动硬盘适合存储零散的书影类数据、文献选目量较少的项目数据、临时数据和中转数据；3.5 英寸移动硬盘适合存储完整扫描的全本数字化图像及文献选目量较大的项目复制数据。DVD 更适合交付级数据的交付与保存，如针对个人的读者服务或小型书影类项目。从更长远的角度来看，海量图像数据对硬盘容量、速度和安全性的需求并不是单块硬盘能够满足的，存入磁盘阵列才是最终的长期保存方式。

3. 磁盘阵列

磁盘阵列（redundant arrays of independent drives, RAID），意为"多个独立磁盘构成的冗余阵列"，是由多个类型、容量的磁盘组合成的一个磁盘组，配合数据分散排列的设计，提升数据的读取速度和安全性。将磁盘阵列与电脑相连，电脑相当于挂接了一个容量超大、速度很快、安全性也有很大提高的大型硬盘。

RAID 技术包含 RAID0、RAID1、RAID2、RAID3、RAID4、RAID5、RAID1+0 等几种等级可供选择。在 RAID 级别较高的情况下，即使一块硬盘出现故障，在磁盘阵列内数据也不会损坏，服务器仍然可以正常运转。对于古籍数字化海量数据的存储和备份需求来说，磁盘阵列是一个合适的选择。

4. NAS 存储设备

NAS 全称 network attached storage，意为"网络接入存储"，是一种专用的网络数据存储备份器，又称为"网络磁盘阵列"。与磁盘阵列相比，NAS 可以看作一台完全独立、外设的 RAID，它将存储设备与服务器分离，集中管理数据，而磁盘阵列则依赖于服务器。在数据量不是很大，但对保密要求比较高的需求下，NAS 更为合适。

NAS 通常用于企业、单位办公室、家庭办公室等环境，在组织内创建网络文件共享，员工可以在同一文件上进行协作。

综上，对一种古籍进行数字化，图像数据可以针对不同的数量和需求，选择多种不同的介质来保存。如因电脑存储空间不足，需要及时转移数据，可选择大容量移动硬盘；如要备份特别重要的文献、小型专藏等数据，可选择 DVD 光盘；如图像数据逐渐形成海量数据，对存储容量、传输速度、安全稳定和快速检索与应用等都有进一步要求，可选择磁盘阵列或 NAS 存储设备。

（三）存储设备的管理

1. 存储设备编号

确定了存储介质后，还需要对所采用的具体存储设备进行编号，使其成为著录图像数据时的一个必备元素。该编号应是该存储设备的唯一标识号，可由多位流水号组成，也可以根据馆藏或工作任务的具体要求，拟定具体的编号规则。比如，以文献语种、文献类型、所属项目等的拼写首字母配合流水号来编号。

以移动硬盘作为存储介质为例。在启用一块新硬盘时，赋予其唯一的硬盘编号。将该编号打印或手写在标签上，贴于移动硬盘盒表面成为盘标。

需要注意的是，存储设备编号标签粘贴的位置，应考虑硬盘或光盘摆放在盘柜架上时标签是否可以明确地显示出来。必要时，存储设备的多面都可贴上盘标。

2. 存储设备与数据的有效关联

存储设备与所存数据之间的关联可由著录信息，以及在著录信息基础上建立的数据表或数据库来揭示。为了实际工作更加方便，能够更加准确地管理数量繁多的硬盘或光盘，还可以根据实际情况，利用关联文件、关联标签等方式揭示其与文献数据之间的关系。

（1）关联文件示例

关联文件在形态上相当于一个存储设备管理表，在实际使用中可称为硬盘表。硬盘表记录和揭示了存储设备自身规格特征、实体存储位置及所存储复制数据的对应文献标识。

（2）关联标签示例

关联标签是附在存储设备表面的细目说明，便于使用者在拿到存储设备时可对所存内容一目了然。由于移动硬盘的存储容量较大，所存内容可能不是单一品种，不属同一制作时间，图像的技术参数可能也不同，想要在一块移动硬盘盒上标识出其所存储的所有数据的信息往往有些难度。但如果是专藏或专题数据的存储，利用关联标签揭示所存文献则十分便捷。

与硬盘不同，DVD 的容量相对较小，通常的情况是一部文献数据用数张 DVD 来存储。因此，DVD 光盘关联标签可以记录更详细的书目及采集信息。

3. 存储设备的使用管理

存储设备应保存在专门的盘柜或保险柜中，指定专门的管理员负责存储设备的管理，定期核对数目和保存状态，确保各硬盘或光盘放置位置安全、正确，排架号规整连续；建立存储设备使用登记表，做好内部借阅及归架登记，确保归架及时和准确。在使用管理上，数据存储设备通常不得外借，不允许带离数字化工作组，只允许数字化工作室、数据处理和数据备份工作间的相关工作人员为了存储数据、处理数据和备份数据使用。相关工作人员对存储设备的使用也需遵守如下规范。

（1）借用

使用人经批准后，从盘柜架上取出所需存储设备，并在硬盘使用登记表上注明借出日期、硬盘编号、使用目的、使用人等信息。

存储设备归还时，使用人将其归回原架原位，在登记表上填写归还日期。管理员核查无异后，确认该条借用记录终止。

（2）销毁

数据存储设备因自身寿命原因或外部原因彻底损坏，无法修复后，在征得部门主管领导批准后，方可销毁。

销毁前，清点核实待销毁的存储设备数型号、编号和原所存内容并记录。

光盘销毁可用专门的光盘销毁机或者带有可碎光盘功能的碎纸机来进行销毁操作；硬盘销毁可用专门的硬盘消磁机，或将硬盘拆开取出盘片，用锐物损毁。

如硬盘损坏但只是暂时没有条件修复，应将其撤架并单独存放，停止相应借阅通道，暂不进行销毁操作。如以后条件允许，再行送修。

（四）数据转移与保存的具体操作

数据转移与保存是后续顺利进行数据著录和数据库建设的前提，负责人应做到心中有数。规范的数据保存可以减少后续数据修订、数据清洗等整理工作，规避数据丢失等风险，使数据管理工作更加高效。

具体操作步骤如下。

1. 预估数据大小

根据不同种类文献复制出的图像数量，预估本批待保存数据占据的空间大小。采集的文献种类不同，图像文件的大小会有很大差别。一般来说，常见开本大小的善本古籍，如尺寸为 17.9 cm×28.3 cm，其以 600 ppiTIFF 格式采集得到的一个图像文件将有 180 ～ 200 MB；舆图、拓片、卷轴等幅面较大的藏品，一个 600 ppi 的 TIFF 图像文件能达到 800 ～ 900 MB，甚至 1 GB 以上。

2. 选择存储设备

根据预估的数据大小及文献本身的特征，选择合适的硬盘或光盘等介质存储。根据数据转移的邻近性原则，存盘时应考虑以下几种情况（以硬盘为例）。

同一部书的图像数据应整体存入，尽量不要跨盘存储。采集古籍时经常会遇见册数较多的文献，在实际操作中，有时会遇到硬盘剩余空间不少，但仍不足以存下一部册数较多的完整文献数据的情况。此时不应以剩余空间为依据，而应以保证一种文献数据的完整性为原则来进行存储地的选择——可以更换剩余容量更大的硬盘，或者新开一块硬盘存储。如遇到必须拆分存储的情况，则应分别在存储的不同硬盘内建立图像数据说明文档，将每册以及上下相连册卷图像的对应位置记述清楚。

按类型存储，同类型的文献数据应有各自单独的存储盘，就近存储。国家图书馆古籍馆的古籍特藏文献分类为善本、古旧舆图、样式雷、老照片、名人手稿、拓片、拓本、裱轴、少数民族文献、革命历史文献、家谱、地方志、普通古籍等。同一类型、索书号邻近的文献数据尽量存储在一起。

重要专藏文献也应开辟专门的硬盘存储，方便后期统一整理和查询，如国家图书馆馆藏的《永乐大典》《赵城金藏》《敦煌遗书》《四库全书》《思溪藏》《天禄琳琅》等珍贵文献的对应图像数据，尽量集中保存。

同一项目所用到的文献数据，尤其是书影类数据，应尽量存储在一起。该类图像文件总数虽少，但文献种数繁多，集中存储有利于实时统计、后期查询和再次利用，如"西谛藏书善本图录"数据、"中国大百科全书"数据、"中国近代史料长编"数据等。

一块硬盘接近存满时，应留出 5 ～ 10 GB 的可控调整空间，以备在将来文献出现需要补扫、补充外观照片等情况时，仍然能够存在原盘中。

3. 数据拷贝

以质检为例，可将目标硬盘连接至质检计算机，确认可用空间足够。选中质检计算机中待入库的图像数据文件夹，将其拷贝至目标移动硬盘。拷贝完毕后，分别点击右键，查看质检计算机和目标硬盘中数据文件夹最下方的"属性"，确认文件数量、大小均一致，保证数据无丢失。成品数据拷贝方法与此相同。

4. 安全弹出硬盘

确认图像文件拷贝完毕且数量、大小无误后，从计算机右下角任务栏中安全弹出目标硬盘，待硬盘盘片不再旋转后，撤下 USB 数据线及电源线，将硬盘放回原位原架。

5. 存储位置登记

每次数据保存操作完成后，应同时做好位置信息登记工作。需及时填写扫描工作记录单上的"存储设备编号"一项，明确已存储数据的具体位置。

6. 区分已拷、未拷数据

在质检计算机上可以新建一个命名为"已拷贝"的文件夹，将已经拷贝转移完毕的数据拖入"已拷贝"文件夹中，与剩余未进行转移的数据进行区分。

注意事项：

①如果数据量较大，工作时间不能拷贝完毕，应在计算机关闭前单击"取消"复制，记录下大致拷贝的位置。下个工作日继续拷贝，依然选中全部待拷贝文件夹进行复制，计算机会优先复制非重复的文件。直至最后等到计算机提示"是否覆盖"对话框时，说明拷贝至前一天已拷贝到的位置，无须覆盖，选择"否"，拷贝即结束。然后进行文件夹内文件数量、大小的核对工作。

②数据转移要定期，不可间隔时间过长导致数据沉积过多。

③数据宝贵，为了防止硬盘意外损坏、数据在无备份情况下被删除等极端情况带来的损失，质检计算机中的数据转移完成后需再留存一段时间。待计算机硬盘空间不够时，再按转移时间顺序依次删除。删除数据时，需再与硬盘中已拷贝的数据核对一遍，确认无误方可删除。

二、对象数据的著录

古籍数字化工作成果不仅包括复制采集到的对象数据本身，还包括对馆藏文献本身的描述、图像加工创建信息、技术细节信息、保存环境、使用信息的著录。这种简单著录可以看作规范性元数据描述和篇章标引的前提，在古籍数字资源建设中是非常重要的一个环节，也是数字文献管理的一种有效途径。

一般来说，数字资源建设流程应为资源创建、描述、保存、维护及后续使用。但就目前我们实际的工作流程来讲，对象数据的安全保存尤为重要，甚至先于对其各种特征的著录描述。

资源保存和资源描述可以同时进行，或者在保存完成后，再专门进行对数字资源的描述著录。

（一）著录对象

对数字图像的著录，其目的在于揭示文献和其数字图像之间的关系。实体文献和其对应的数字图像共同决定了著录时应用哪些字段与格式。以国家图书馆古籍馆为例，其所藏实体文献类型较多，都具有各自不同的特点，在确定书目数据的著录元素上往往会凸显一般性与特殊性的矛盾，进而影响后续元数据规范的设计。但基于这些不同类型的实体文献建成的数字图像在本质上是属于同一种类型的数字资源，具有相同的属性项。

在书目著录中，一部文献是一条单独的书目记录。在古籍数字化过程中，一部文献可以产生不同规格的数字图像，他们在采集设备、输出格式、分辨率、大小及采集范围等方面可能有所差别，从而形成了不同的资源。因此，著录单位应为一份数字图像，每份图像（相当于每一个不同的数字复本）应有其唯一的标识号。

（二）著录信息源

1.实体文献的书目数据

一种文献的数字图像相对于其原本的文献实体来说，其反映的内容其实是相同的，不同的是在载体转移的过程中增加的数字图像从创建到使用的信息。对文献的数字图像进行著录时，为了避免重复工作和冗余信息，可以以已有的书目数据为基础，根据文献的类型来选择复用相应字段。

复用已有书目数据的部分元素有助于在数字图像内容与载体之间形成关联。在选择所需字段时，应根据藏品本身的特征及其对于数字对象的必要性来综合考虑。例如对于手稿类藏品，还应复用其载体形态项中的"附件"等元素。

2. 被著录的数字图像本身

除了文献内容描述方面的著录来源于实体文献书目数据，其他的著录信息源则是被著录的数字图像本身。

（1）管理型元素

记录数字图像创建时相关特征的元素。

①采集方式。

定义：采集该数字图像的方式，如扫描、拍照、缩微胶片还原等。

著录示例：扫描

②采集设备。

定义：采集该数字图像的扫描仪或相机的名称及具体型号。

著录示例：ZeutschelOS14000

③采集人。

定义：采集该数字图像的操作人员姓名。如果采集人为合作外包公司人员，则应在此字段内同时注明所属外包公司名称。

著录示例：李四

④采集时间。

定义：采集该数字图像的具体日期。可以是时间区间。

著录示例：2019.03.07

⑤采集环境。

定义：采集该数字图像的具体环境或具体地点。

著录示例：国家图书馆南区古籍数字化工作间

（2）技术型元素

描述数字图像的各项技术规格元素。

①格式。

定义：所采集数字图像的文件格式。

著录示例：TIFF

②位深度。

定义：所采集数字图像的每个像素可以使用的颜色信息量。

著录示例：24 位

③分辨率。

定义：所采集数字图像的分辨率（ppi），只填数值。

著录不例：600

④图像数量。

定义：所采集数字图像文件的个数。

著录示例：320

⑤文件大小。

定义：所采集数字图像文件的总大小。

著录示例：25.5 GB

（3）保存型元素

记录数字图像的物理存储信息。

①存储设备编号。

定义：存储该数字图像的存储设备编号。

著录示例：328 号盘

②入库人。

定义：将该数字图像入库并登记相关著录信息的人员姓名。

著录示例：张三

（4）使用型元素

记录数字图像用于出版、展览等使用信息。

①项目名称。

定义：使用该数字图像的项目名称。通常为单位名或某一主题。

著录示例：赵城金藏

②项目类型。

定义：使用该数字图像的项目的类型，如出版、高仿、复制等。

著录示例：高仿

（5）补充性描述型元素

描述书目数据中没有体现的一些元素。

①尺寸。

定义：包括实体文献的开本尺寸、版框尺寸、天头尺寸、地脚尺寸。以厘米（cm）为单位，精确到毫米。优先著录高度，后著录宽度，中间以"×"相连。金镶玉装帧的藏品还需著录上镶尺寸和下镶尺寸。

著录示例：开本 25.0×15.2，版框 15.9×10.5，天头 6.2，地脚 3.0

②其他说明。

定义：记录采集时发现的藏品特殊状态及采集方案等。

著录示例 1：虫蛀严重，无衬纸扫描

著录示例 2：开本较大，采用半叶扫描方式

（三）卷目信息标引

根据数字化项目性质的不同，对卷目信息标引的要求也不尽相同。大体上，标引是对文献的数字化对象赋以相关的检索标识，指明其卷目信息的编排，然后用以配合书目信息来编制出目录和索引文件，以实现对数字化对象反映的文献内容的检索。

目前，国家图书馆自建数字资源项目，常采用书目信息表和卷目信息表相结合构建对象数据数据库的方式。

第三节　数据信息的管理与维护

对数据信息的管理包括记录的浏览、增加、修改和删除等操作。为了实现这一功能，在书目数据和其他著录信息获取便捷、数字图像分类复杂、数据量可观的情况下，可以选择建立 Access 关系型数据库，将各种信息密切联系在一起，用相互关联的元素予以表达，并且可以轻松处理上万条甚至更多的记录；在文献类型和数据类型较为单一、数据量不大、参与的项目人员也较为单一时，则可以选择建立直观、简洁的 Excel 数据表。虽然 Excel 数据表无法像 Access 一样建立数据表之间的关联，也无法实现表与表之间的同步修改、删除等操作，但对于单一型数据处理和分析来说，Excel 更具有灵活性。数据信息管理的实现工具应根据古籍馆藏和相关数字化实施的具体情况来进行选择。

一、Access 数据库建设

Access 数据库适合较为大量的数据的管理，数据类型需要定义，各个数据表之间需建立严格的关联，并通过查询来追加和删改记录。建立一个用于古籍数字化数据信息管理的 Access 数据库，确定数据库的表是最重要的一步。步骤应为：确定数据库的表—确定表的字段—输入表的内容—确定主键—确定表与表之间的关系。

对于一般的古籍数字化来说，涉及的主要实体有项目、馆藏文献和数字图像，三者形成了一个从签约、采集到交付的完整关系流程。此外，还涉及采集设备、采集人、存储设备等非核心实体。

一个实体转换为一个关系模式，实体的一个属性就是关系模型的一个字段，也就是数据表的一个字段。数据表的一行是一条记录，一列是一个包含数据元素的字段。字段则分别来自馆藏文献、数字图像的著录信息、项目信息和采集设备、存储设备的相关信息。每个表不应包含冗余信息，也就是说，实体和实体之间应分离至最小化。创建表后，应明确表和表之间属于一对一、一对多还是多对多的关系。

一部馆藏文献可能加工出多份数字图像，即数据表 B 和数据表 C 之间是一对多的关系。在数据表 C 中加入联系属性"系统号"，即可实现两者一对多的关系。

一个项目可能签约复制多部馆藏文献，同时一部馆藏文献也可能被多个项目选择过。同理，一个项目可能使用多份数字图像，同时一份数字图像也可能给多个项目交付过。因此，数据表 A 和数据表 B 之间、数据表 A 和数据表 C 之间都是多对多的关系，只能各自之间再建立一个独立的关系模式的表，其属性由两个表的主键及自身关系的属性构成，以此来连接两个实体。数据表 A 和数据表 B 之间应建立签约关系，数据表 A 和数据表 C 之间应建立交付关系。

表是建立数据库的基础，查询则是建立数据库的目的的体现。Access 的查询可以实现追加 / 删除 / 更新 / 生成表等功能，可应用于对数字图像记录的增添、删除和修改。以数字资源增添记录为例，可以利用追加查询，批量将其他表或外源数据表中的数据追加至目标表的最后，而不用手工复制粘贴；另一种方法是与窗体配合，在窗体的设计视图中关联 SQL（结构查询语言）语句，或通过在窗体按钮上执行 DoCmd 对象的 RunCommand 和 GoToRecord 属性相关命令来实现增添记录的操作。

二、Excel 数据表设计

在数据规模较小的情况下，可用 Excel 数据表来管理数据信息。数据信息的展示和灵活编辑是 Excel 的强项，表与表之间的孤立则是它的弱项。由于缺乏关联性，在设计上与主题单一的 Access 数据表不同，Excel 数据表应设计成可展示更多主题和元素的结构，不明显区分实体和联系，以便提供更多信息。例如，馆藏文献和数字图像不再是两张独立的表，它们的相关元素应合并在同一张 Excel 表上，并包含一定的项目和采集元素——此表可定义为数字资源表。可以相对独立出来的是加工记录表和项目表。几个表之间可能会有一些重复字段。

Excel 数据表在设计上字段较 Access 明显增多。其中，数字资源表还可以按照藏品文献类型的不同而分成不同的表，在字段设计上会根据不同藏品各自的特征而略有不同。例如：设计专门的舆图数字资源表，可以增加"比例尺"字段；设计专门的少数民族文字古籍数字资源表，可以增加"文种"字段等。

三、数据管理员的工作

设置好了数据信息管理的数据库或数据表工具之后，如需利用工具来进行长远的数据维护工作，则要配备相应的管理人员。数据信息的维护工作非常重要，与数据本身的有效性和安全性息息相关。应当设置专人来进行古籍数字化的数据本身及相应信息的维护工作。原则上，一个采集工作间至少配备一个数据管理员，具体工作中可以根据实际情况酌情增减。

数据管理员自身应具备较强的个人素质和工作能力，其所面对的工作特点往往是数据量大、信息量大、表格字段繁多，工作的内容是需要和各个采集人员、存储设备内的图像反复核对的过程。数据管理员既要善于钻研，具备一定的古籍内容和古籍版本学专业知识，又要谨慎细致，能够熟练运用主流的计算机办公软件，更要具备强烈的规范意识、责任意识与安全意识，在工作的各项操作中保证数据安全。此外，一名优秀的数据管理员还应在工作中锻炼自己对数据信息的敏感性，掌握可能出现的问题的规律。一些因为客观原因在前期采集过程中出现的不规范内容，应在数据信息管理的过程中发现并及时更正。

数据管理员的职责如下。

①负责前期采集数据的转移和正确保存。

②根据前期数据采集的相关加工记录，核对、检查存储设备内的实际数据，补全数字资源著录信息的登记，完成数据入库操作。

③更新数据库或数据表的信息记录。

④不定期抽查已入库数据和信息记录，发现问题及时更正。

四、数据信息的登记

打开加工记录表及数据存储设备，根据采集记录的信息和已经入库存储的数据结合检查，查看是否存在采集数据没有及时入库，或者存储位置与记录不符的情况。如有偏差，应及时进行数据转移和保存操作，或根据实际情况更改存储位置信息。

在条件允许的情况下，加工记录表上登记的当日已采集数据，应在当日完成数据的转移和保存操作，并根据存储设备里的实际数据开始逐条登记信息。

信息登记时，一部文献采集而得的一份数字图像记为一条记录，在Access表或Excel数据表里占据一行。如遇到文献存在丛编的情况，则以丛编中的每个子目作为一条记录，以系统号来区分索书号相同但题名不同的子目。遇到合订本的情况，虽然载体形态上可能是一册，但对应为不同的索书号和题名；如系统号不同，则仍记为多条记录。

数据表的馆藏文献信息来自已经编目的书目数据，采集信息来自采集人员填写的加工记录表，项目信息来自项目管理员填写的项目记录表，数字图像的信息则来自数字图像本身，需要数据管理员核查实际情况后填写。

要注意的是，由于Excel数据表无法像Access一样定义数据类型，在使用中遇到首位为"0"的索书号时会默认不显示，需要将索书号这一列的单元格都设置为文本格式。Excel数据表中，每个单元格都可以有自己的格式，且转换非常容易，因此在维护中需要经常确认文本或数字格式是否正确。

数字图像信息填写时，管理员应打开数字文献封面或卷端的图像，核对所采集文献的题名是否与所需相符。

检查该文献数字图像的子文件夹个数与该文献载体形态数量是否吻合。如有偏差，应向库房申请核对原书，查明是数据拷贝出现差漏还是信息记录有误，及时确认原因并更正。

图像数量和文件大小填写时，右键单击待登记信息的数据文件夹，选择"属性"，查看文件数量与大小，如实填写。此处应注意以下几点。

①子文件夹最好逐一打开，检查文件夹内的数据是否全部为有效数据。文件夹内有时会出现类似 "Thumbs.db" 之类的操作系统缓存文件，统计文件数量时不应将此类文件计算在内；发现此类文件应及时删除。检查时如发现不能显示出缩略图的文件，应检查这一单个文件是否已经损坏（通常与硬盘逻辑坏道有关），如不能依靠技术手段恢复，则应安排单独补扫这一页文献并进行数据回插。

②遇到拓片、舆图等大幅面藏品时，也应逐个打开图像文件夹，分别核对文件夹中原始采集的分拍图像的数量，以及后期经由 Photoshop 拼合的图像的数量，两者都应如实记录。拼图文件的大小通常远大于单个原始分拍图像的文件大小，有时会以 PSD 格式存储，也应如实记录。

③随机抽查。随机抽查某一文献数字图像的色卡是否摆放正确、采集 dpi 登记是否相符、文件重命名是否准确等，不规范的地方随时更正。后期无法更正的要及时与采集人员、质检人员沟通，以规范以后的采集操作。

五、数据信息的回溯

数据管理员应定期回溯早期数据的存储及信息登记，以便及时修正早期不规范命名的数据，补充数字资源表里遗漏的记录等。

由于规范都是在不断修正中形成的，时间越久的数据就越有可能存在不符合现行规范的情况，主要体现在文献名规范、文件夹内图像命名规范、文件夹分类规范等方面。有些当时新入馆藏的文献，其实体文献数字化时还未进行编目，没有被赋予准确的系统号和索书号，所以图像数据信息记录中也只是应用临时编号、临时命名。这种情况应特别备注，在回溯数据时，用编目完成后的准确书目数据替换掉当时不规范的字段记录。

另一种情况是，一些因加急临时性项目、书影类项目而采集的数字图像，可能存在因前期规划不足、无专人跟踪或管理人员变动等情况，导致数据虽然存储在盘，但没有登记、没有记录、无人知晓，成为"孤儿数据"。如果不对每个存储设备的数据都进行定期的回溯整理，随着数据量越来越大，这些被遗漏的数据将很难被再次发现。

回溯一块硬盘的数据时，可以利用文件目录读取类软件对全盘的文件进行读取和统计分析，有利于发现遗漏数据和隐藏数据等。

第四节　数据灾备与应急预案

一、数据灾备的定义

随着大数据时代的来临，数据安全日益成为人们关注的热点和重点。目前，在计算机和信息安全领域，灾难备份和灾难恢复已经成为一个备受瞩目的方向。2007 年，国家质量监督检验检疫总局发布了《信息安全技术——信息系统灾难恢复规范》（GB/T 20988—2007），其中对灾难备份的定义是："为了灾难恢复而对数据、数据处理系统、网络系统、基础设施、专业技术支持能力和运行管理能力进行备份的过程。"目前，探讨与运用灾难备份技术的主要是银行、税务、证券、政务等系统。

对于"灾备"的理解，从浅至深可以分为"备份""备用""备援"三种方式，分别对应"数据级容灾""系统级容灾""应用级容灾"三类。对古籍数字化而言，由于客观条件和现阶段发展程度的限制，目前对灾难备份技术的应用可能还处于比较原始的阶段，以数据备份的形式为主，达到数据级容灾即可。然而具有灾备的警觉和意识，取"灾难备援"的含义指导日常灾备工作，依然是古籍数字化工作成果的最后一道保障，能够有效防止部分因人为误操作或不可抗力带来的损失。

然而无论何种层级的灾备，核心永远是数据，主要目的是确保数据的安全。具体到古籍数字化采集中，数据可以狭义地理解为采集到的对象数据。比较原始的方式是我们通常意义上的数据备份，即通过人工拷贝的方式将原始数据部分或全部拷贝到其他存储设备，目前使用较多的存储设备是移动硬盘。这种备份要注意"异地存放、安全保管、定期更新"。有条件的机构，还可以采取更高级的备份手段，如磁盘阵列。

二、制定数据备份策略

备份策略指确定需备份的内容、备份时间及备份方式。

第一，需要建立数据备份统计表，使数据备份计划有序进行，以防漏备。还需配备专门负责数据备份的工作人员，保证数据备份工作能够长期稳定地进行，在按要求进行历史数据备份的同时，还应及时将新采集到的数据进行备份。

第二，确定需备份的内容。一般来说，采集到的对象数据全部需要备份。然而在实际操作中，因为资金、时间等因素的影响，在不能全部备份所有数据的情况下，需要选择特定的备份内容，根据数据量的大小和重要程度，合理选择备份对象。例如：在优先级上选择先备份采集难度较大的文献数据，如拓片、舆图等文献的数字图像；相对更加珍贵的文献数据，如《永乐大典》《赵城金藏》等著名的珍本、孤本的数字图像；等等。古籍珍贵，在条件允许的情况下，还是应当备份所有数据。

第三，确定备份时间。备份时间可以参照已有历史数据的数据大小及新采集数据的速度两个方面来确定。一方面，新采集数据的速度越快、数量越多，备份应该越频繁，避免长时间停止备份造成数据过于沉积；另一方面，对已有数据应该定期进行备份，如每周或者每月定期备份一次，直到所有历史数据备份完毕。

第四，确定备份方式。依据本单位的实际情况合理选择最适合的备份方式，主要考虑的有成本、需求、数量、时间等几个方面。

三、硬盘使用注意事项

人工备份数据不可避免地有时效性较弱等缺陷。为了保证数据安全，在硬盘使用之初就应该有意识地运用最保险的方式，减少或杜绝误操作给数据带来的损害。因此，古籍数字化相关人员应了解并掌握硬盘的正确使用方法，规范每一步操作。

①为避免出现硬盘坏道等问题，要注意不可碰撞、摇晃硬盘，应将硬盘

放置在平稳、安全的台面，轻拿轻放。

②读取过程中尽量不要移动硬盘，由于硬盘在读写数据时盘片和磁头高速旋转，轻微的震动就可能给硬盘带来不可逆转的损害。

③尽量避免长时间使用硬盘，防止硬盘过热。

④掌握正确的插拔方法：插接时，注意不同硬盘对插接的要求，如是否需要电源、硬盘上是否有电源开关等。插入硬盘后，电脑会有一个读取过程，待盘符全部显示，指示灯稳定后，再进行相关操作，切勿频繁点击。拔除时，要先在电脑上进行正确的弹出操作，显示硬盘可安全弹出后再拔除。需要注意的是，电脑显示弹出后，由于惯性，磁头仍会持续旋转一会儿，需要等旋转完全停止再进行拔除。最忌在硬盘高速运转的过程中不做任何弹出操作，直接强行拔除数据线。

⑤不要在计算机启动或关闭过程中插拔。

⑥一般来说计算机主机后面板的电压更加稳定，最好将硬盘的 USB 接口连接主机的后面板。

除了个人使用硬盘时要注意上述事项，使用硬盘的环境也很重要。办公环境要干净整洁、办公电压稳定，防尘防水防摔。

在具体应用中，除去人为操作，还要格外注意为硬盘供电的情况。如果长期在低于额定电流的情况下工作，硬盘很容易损坏并导致数据丢失。USB 插口供电不足有以下几种情况。

①USB 接口同时给多个 USB 设备供电。

②硬盘容量较大，且没有外置电源供电（如 2.5 英寸 4 TB 移动硬盘）。

③移动的数据较大。

为了保证数据安全，针对供电不足这一情况应考虑以下解决方法。

①如需使用大容量硬盘，应选购 3.5 英寸带外置电源的硬盘。

②读取大容量 2.5 英寸移动硬盘时，使用 USB3.0 插口而不是 USB2.0 插口来供电。

③选购带两个 USB 接口的数据线，连接两个 USB 插口来为硬盘供电。

此外，在平时硬盘使用的过程中，如出现以下表明硬盘即将损坏的先兆，则应优先备份该硬盘内的数据。

①硬盘运行时发出"嗒嗒"声，硬盘盘片旋转声音过大、声音异样。

②插入硬盘时，电脑提示需要查杀病毒或进行修复。

③打开、运行、拷贝硬盘内某个特定文件时，电脑运行速度明显变慢。

④连接硬盘后看不见盘符，无法读取硬盘。

⑤运行硬盘时导致电脑变慢甚至死机。

⑥按照正确程序操作仍不能顺利弹出等。

以上都是硬盘可能已存在损坏风险的标志，应提升该盘的备份计划优先级别，抓紧备份盘内数据。

第六章　图书馆特藏文献数字化实例

第一节　特藏文献概述

书籍文献的物质载体有一定规制，材质、尺寸、排印版式、装帧形式各有特色，不论古今中外，自典籍初具雏形以来，不同地域、时间的书籍皆有其通行形式。在一定范围之内的大多数书籍均有其常见的标准规制，大多数书籍个体均能与之符合。此为书籍文献物质载体形态规律性的表现。除此之外，还存在一些不同于一般规制的文献，我们在工作中称为"特型文献"。

在对书籍文献进行数字化时，所使用的采集设备主要针对文献通行规制所设计制造，一般的工作流程、方法、标准和人员操作技巧、技术要领、注意事项也是为了首先满足常规文献所需；对于特型文献的数字化采集，其机器设备、工作流程、采集加工技术标准均需另行研讨，按照各自不同的特点制订针对性的工作方案。

一、"特型文献"的界定

中国古籍现存实物，自魏晋以来，以纸作为书写、印刷材料，千余年间历经卷轴装、经折装、梵夹装、蝴蝶装、包背装、线装等主流装帧形式，绝大多数文献个体均符合此几种形式，可谓中国古籍物质载体的"标准样式"，在此几种样式之外的古籍文献即为"特型"。"标准样式"的古书幅面尺寸大多介于常见数值区间，但有少量书籍个体幅面极大或极小，出于通常尺寸区间之外，虽然装帧形式并无特殊之处，亦属于"特型"范围。

"特型"可据装帧、尺寸、材质三个角度划分不同类别，至于某件特型古籍个案，则三方面时有交错，可归属其一，也可能兼而有之。当遇到特型古籍时，需根据个案的特点制订有针对性的数字化方案，以期做到安全、完整、高效的数字化信息采集与数据生产。

（一）特型装帧

凡不属于卷轴装、经折装、梵夹装、蝴蝶装、包背装、线装的古书即为"装帧特型"。或虽属于这几种装帧形式，但因装订不精、后世改装随意等缘故，造成现存状态不尽符合此几种装帧标准样式，在数字化采集中需制定特殊工作方式的书籍，也可归为装帧特型。

装帧特型名目繁多、情况复杂，不一而足，以国家图书馆多年古籍数字化工作经验所见，概有以下主要情形。

1.非册页装文献

非册页装文献主要是指单张或散页文献。前者如舆地图、拓片、信笺、老照片、年画，以及各种写、印、绘于单张纸页上的文献资料，后者如未经装订或散装收藏的书稿、日记、书信、笔记等。

2.制作不规范与年久失修的主流装帧形式

举凡卷轴装、经折装、梵夹装、蝴蝶装、包背装、线装，均可能在初装之时即因操作不精造成装订不善，或因年代久远，书籍脱线、变形、残损等情况使得现存状态成为"奇特"样式。

3.改装文献

如清代藏书家黄丕烈为了妥善收藏、便利翻阅，自行改装了宋版书的蝴蝶装，将相邻两页无字的一面粘在一起，首末空白页又与包背书衣粘连，从而成为似包背又似经折的全新装帧形式，世称"黄装"。我们在对其进行数字化采集时既不可拆装善本，操作方法也与标准装帧书籍不尽相同。

又如本为标准线装的书籍被数册合订，外置硬皮书衣，形式近似于西式精装书，此种情况在馆藏清末民国线装书中时有发现。

4.书中附件

夹条（夹签）与浮签最为常见。夹条是书中所夹的、可以取出的字条、字笺，甚至折叠放置的大幅字稿，有直接夹于书页间的，亦有塞在筒子页中的。浮签为粘连在书页上的字条。大多为上部粘连，如垂帘状，可向上翻开得见其遮挡的书页内容；也有上下或整幅粘附书页之上的，不经额外处理无法翻开，下面的书页内容被其覆盖无法得见。

又有一些印本或写本有修改之处，改一字则另以写好文字的小纸片粘贴于修改之处。因年代久远，修改文字的小纸片往往因为粮糊失效而脱落，以至于翻开书页时容易散落，也可视同浮签、夹签。在数字化采集后应将此类脱落纸片及时复位。

有些书中存在一些需要展开采集的折页，多为地图、图表；也有一些粘贴后折叠起来的插页，展开则尺幅超过本书所定画框，又不能取下另行采集，需改变画框与本书一同采集。

舆地图、样式雷等传统工程设计图往往是图、字分别制作，纸面上仅绘图，图上的地名标示及其他文字说明则是另写字条，然后粘贴于图上相应位置，类似书中的浮签。

有的书中还会夹有五花八门、各式各样的物品。据国家图书馆多年数字化经验，曾见过树叶、纸币、日历、票据、照片、名片、请柬、卡片、广告，甚至由纸包裹的类似药粉类的东西等。这其中有些已成为文献的组成部分，承载着文献信息，数字化时可以根据实际情况对其形态、内容进行完整采集。

5. 特型尺寸

中国古代书籍典册虽不遵循现代印刷工业的开本标准，但为方便拿取、翻阅和携带，书籍的尺幅、体积古今大体相同，即在现行的 64 开至 16 开的开本范围以内，通常尺幅大不过 30 cm × 20 cm，小不过 10 cm × 8 cm，厚度不超过 5 cm。在此大小范围内的书籍方为适宜正常使用的尺寸。古代书籍尺寸大多在此数值区间内，大于或小于此区间值的古书可称为"特型尺寸"，细分可有以下几种类型。

超大尺寸：比现今 16 开（184 mm × 260 mm）幅面更大的书籍。长边有达到 50 cm 的，如著名的《永乐大典》。

袖珍尺寸：比现今 64 开（92 mm × 126 mm）幅面更小的书籍，如"巾箱本"。甚至还有更为袖珍、迷你的书籍。

超厚书籍：中国古代书籍因装订技术所限，无法装订成像当今工具书一样非常厚重的形态。但存在如前文特型装帧所述，即厚度超过 10 cm 且为硬皮书衣的书籍。又如西文古籍善本，特别是部分单册超过 1000 页的精装类藏品。

超薄书籍：厚度小于 1 cm 的小册子或仅有几页纸的单册，如敦煌文献中的"缝缋""粘叶"小册子，各种奏折、文札及折装的地图、图表，近现代的宣传小册子、通俗读物等，均属此类。

（二）特型材质

中国现存的古籍文献，除甲骨文、贝叶经及少量简牍、帛书画外，均为纸质品。非纸质类的文献也属于数字化加工中的"特型"文献。

①甲骨：兽骨、龟甲。

②贝叶经：写于特制的贝树叶子上的经文。

③丝织品：

a.丝绸地图，写于绢帛的墨迹；

b.绫罗装裱的字画拓片；

c.布料：写、绘于棉布或其他布料上的文献资料，如科考夹带衣。

④相纸：老照片为相纸冲洗，晚清民国时又时兴制作写真像，人物肖像照片多有加装带豪华凹凸纹钢印的硬纸板包装。馆藏另有部分玻璃底片，尚未启动数字化加工。

⑤蜡纸：晚清民国时现代技法的工程设计蓝图、测绘图纸。

⑥装具：各种各样的古书装具，如木夹板、布包裹、书盒、书屉等，也是数字化应当采集的信息。大部分古书的函套为硬纸板或包布面硬纸板。

二、"特藏／专藏文献"与"特型文献"的区别和联系

"特藏／专藏文献"是就文献内容而言，是版本文献工作所使用的术语。如国家图书馆的"四大专藏"：《敦煌遗书》《赵城金藏》《永乐大典》《四库全书》，以及普通古籍中以"XD"编号单独编排的郑振铎先生旧藏"西谛藏书"，拓片中以"顾专""章专"单独编号的顾广圻、章钰旧藏等。

而"特型文献"是不论文献内容如何，单以其物质载体形态来进行分析

归类的方法，是文献保存、展陈、运输、保护、修复及数字化工作的行业用语。不同的对象文献具有不同的物质载体形态，使得上述工作产生不同的应对方式。应根据文献不同的形态特征建立相应的工作方案、操作规范和标准流程。一般而言，相对于文献内容，数字化工作整体上更为关注不同的物质形态特征。但根据多年数字化工作实践经验发现，文献的物质载体形态与其内容是具有一定关联的，在对物质载体形态进行分析总结的过程中，难免涉及文献内容方面的知识。并且，文献物质形态的归类，特别是"特型文献"，几乎可以与特定内容分别对应（表6-1）。

表6-1　文献类型与特型文献形态情况对照表

文献类型	特型文献形态
舆地图、碑拓	单张大幅、卷轴装
器物拓片、样式雷图档	单张大幅
法帖、大藏经、道藏、奏折	经折装
永乐大典、四库全书	大尺幅包背装
手稿	单张散页

部分文献的内容与其物质形态有近乎整齐对应的规律性关联，这种关联在大型专项数字化项目中尤为突出。如在《思溪藏》、《正统道藏》、《历代法帖》、《永乐大典》、《四库全书》、《敦煌遗书》、样式雷图档、契约文书（地契）、青铜器全形拓的数字化工作中，对一类专藏文献、套装书籍集中系统地进行数字化采集，对象文献的物质载体形态也往往呈现整齐单一的特型形态。在进行这些项目时，我们根据对象文献的装帧、尺寸、材质、品相等物质形态特点，量身定制了该项目的专有数字化方案，从而得以系统、高效、安全地完成该数字化项目，并且通过这些项目积累了丰富的特型文献数字化经验，由此总结出一些规律性操作方案，适用于以后遇到相应类型文献的数字化工作。

三、特藏、特型文献基本情况

国家图书馆古籍馆所藏典籍数量庞大、名目繁多，大多数属于常规载体形态，特型文献在总体馆藏中仅占小部分。但由于藏品的总量较大，相对仅占少数的特型文献实际也存有较大的绝对数量。

（一）册页装书籍

国家图书馆大部分藏品属于常规的册页形态。针对常规册页装书籍，一般无须像特型书籍一样制订专门的数字化方案，只需随机应变，遇到特殊情况时再设计具体的操作方案。

（二）舆地图

与册页装文献的情况正相反，舆地图藏品的形态以特型为主，较少册页装。册页装多为大尺寸地图集，个别袖珍本地图册为超小尺寸。大多数舆地图为单张大幅，折叠或收卷放置保存，数字化时平展摊开，其与册页装书籍的数字化方法迥异。又有部分地图为古时河道工程、宫室建造等上报朝廷而绘制，故常常附在奏折之中，成为经折装样式。原本经折装书籍内容通常以文字为主，可按折页切分扫描区域，但经折装地图则应将其全折展开，成为连贯整体，尽量在一个扫描区域内采集或分区采集后再进行拼图。

（三）金石类

国家图书馆古籍馆所藏金石类文献也十分宏富，其载体形态也以特型为主，情况多样，根据不同类型又有以下区别。

印谱：基本上没有特型文献，与普通线装书无异。只是正文内容为钤印，且有些印章是以零纸打印后贴在书页上，因此衬纸时会与一般线装书有所区别。

法帖：多为经折装，数字化方法与经折装书籍档案（佛经、奏折、手札等）相仿，但有三点特殊之处：其一，法帖大多装帧精致，书衣用木材制作，有的木版书衣厚度甚至超过正文纸页；其二，法帖为黑底白字，有的印墨精良、浓深油亮，但白字反光情况就会比较严重，是数字化加工时的难点；其三，法帖的装具最为豪华，有些书盒、书屉、书箱如工艺品般精美，对此类装具的采集需用静物摄影的方式，遵循另一套规范流程。

拓片：单张或卷轴装，据其内容又可分两类。

①碑拓：历代石刻拓片，单张、卷轴装均有。多为厚实的纸张，尺幅较大，从数米到十数米长均有。在各种特型文献中数字化难度最大，最为费时费工。

②器物拓片：主要是青铜彝器的全形拓，多为单张，尺幅大小不一，通常长、宽不超过 2 m，在大尺幅单张文献中属于尺寸较小的一类。但其纸张较为特殊，非常轻薄，甚至有薄如蝉翼者，轻飘脆弱，在取放、移动和采集操作中都需要特别注意。少数卷轴装的全形拓，数字化方法则与卷轴装碑拓相同。

（四）手稿类

国家图书馆古籍馆所藏古代至近现代名家手稿十分丰富，举凡诗文集稿本、抄本、草稿、日记、书信、手札、笔记等，不一而足。此类藏品载体形态情况最为复杂，除经作者或其亲友誊写、整理装订的稿抄本或装裱成册的书信信笺外，其余手稿大多没有经过正式、完善的装订处理，较为零星散乱，无法一概而论。许多手稿笔记所用的纸张、本册极易损坏，故手稿类文献的数字化最需小心谨慎、认真仔细。

（五）照片类

国家图书馆古籍馆所藏近现代老照片数以万计，其载体形态也分为数种。

散装照片：无装入相册、无装裱的小幅照片，置于信封、纸袋、盒子等收纳容器中。

相册：传统包角相册、现代塑料压膜抽插式相册、粘贴膜相册，以及自行装订、粘贴的各种相册。

大幅照片：人物肖像、集体合影、风景照、大型活动或事件场面照片等，因尺幅大，相纸又不可折叠，所以基本为卷曲保存，用线绳系结或放置在长筒状收纳盒中。少量为平展放置保存

肖像照卡片：此为近代自西方传入中国的时尚物品，在清末民初时特别流行。时人在影楼拍摄肖像照片，名为"写真"，尺寸约为今 64 开本，用硬纸卡片装裱，留言赠送亲友。有装帧特别豪华的，印刷精美、质地结实，甚至有可以翻动的外壳，又有影楼商标和凹凸效果的装饰花纹。这类照片虽

然内容与小幅单张照片无异，但其装帧的立体效果在数字化采集中须予以特别注意。

（六）年画

年画均为单张形式，尺寸大于一般册页装书籍、小于石碑拓片，约与器物拓片、全形拓中较小幅的尺寸相仿，但纸张通常较为脆弱。

（七）工程图纸

①样式雷图档。大幅的样式雷图档与古舆地图相似，小幅的近似于手稿信札，又有少量为折装。

②近现代用西方新式方法绘制的工程测绘图纸，也近似于地图。

（八）少数民族文字古籍

少数民族文字古籍（以下简称"民语文献"），涉及蒙古文、藏文、满文、彝文、水文、傣文等民族文字文献，以至东巴文、西夏文、回鹘文、契丹文、龟兹文、八思巴文、察合台文等历史文字文献，内容丰富，形式多样。其物质材料、装帧形式具有民族特色，与汉文古籍多有差异，以汉文古籍的标准来看，几乎都可算作"特型文献"，因而数字化采集也需制订专门的工作方案。只有一些满、蒙古文书籍采用线装，载体形态特征与常规古籍无异。

民语文献中最常见的是宗教典籍：蒙古文、藏文的佛经和神话史诗经典采用梵夹装，纸质坚硬，与汉文古籍绵软的纸张质地迥然不同；西夏文大藏经为经折装，装帧、纸张与宋代《思溪藏》如出一辙；傣文贝叶经则采用印度古籍的技法，书写于热带植物贝叶棕的细长叶片上，装订为梵夹装；纳西族记载神话故事与宗教仪轨的东巴经，写绘在特别厚实的纸上，大多为窄长矩形，以左侧短边为书脊装订成厚度不大的书册。满文诏令公文一般为卷轴装，册页装书籍为常规线装形式。

第二节　卷轴装文献数字化采集实践

一、什么是卷轴装

卷轴装是我国最古老的装帧形式之一，是指将图文书写或印刷于长条形可卷束的材质上，用棍状物做轴心，卷成束的装帧方式。帛书流行后人们便用卷轴的方法装订书籍。工艺成熟的卷轴装，包括"卷""轴""标""带""签"五个部分。以木棒、竹棍或者更为珍贵的玉、琉璃、玳瑁等制成的棍状物作为轴，把帛、绢、丝、纸等粘贴在轴上，从尾至首顺次卷起，最后用一根长带缠绕固定。纸一般长度有限，便将若干张纸首尾相连粘贴起来，形成一个长条形的卷。为了保护书页，卷轴的卷端拼接有不书写的空白纸或者其他织物，称为"标"，也叫"包头"。有时轴头上还有标明书名卷次的小条或牌，叫作"签"。

卷轴装盛行于两晋至唐五代期间，后来虽逐渐被一些其他的装帧取代，但是历代仍有沿用，作为一种传统装帧形式被运用于一些书画当中，如今装裱字画依然有使用卷轴装的。

在国家图书馆的众多藏品中，有不少珍贵古籍都是以卷轴形式装帧的。金石藏品如《积古图》，舆图如《长江名胜图》，部分敦煌文献等。这其中最负盛名的要数四大馆藏之一的《赵城金藏》，本节以《赵城金藏》为例进行阐述。

二、《赵城金藏》数字化采集对策

《赵城金藏》是以中国历史上第一部官版汉文大藏经《开宝大藏经》为底本，于1149年前后开雕而成的大藏经。因刊刻于金代，发现于山西赵城（现山西省洪洞县）广胜寺，故称之为《赵城金藏》。

《赵城金藏》是非常具有代表性的以卷轴形式装帧的文献。本节以《赵城金藏》的数字化为例，介绍卷轴装类型的文献在数字化的过程中应该如何具体操作及其特殊之处。

（一）扫描仪器的选择及特殊准备

从库房提取文献出库时，可仔细观察《赵城金藏》藏品实物的外观状况，经测量可知其高度多为 30 cm 左右，长 300 ～ 1000 cm。在现有设备的幅面局限下，无法做到完全展开，即无法一拍完成扫描。因此需要选择扫描幅面高度适中、长度较长的扫描设备。在正式开始扫描的时候，由于卷轴的长度会完全覆盖仪器扫描区域的长边，因此有几点需要特别注意。

①需要在扫描仪上加置一张干净整洁的白纸板。

②检查仪器侧轨、各连接及转轴的部分是否已经擦拭干净，确保仪器干净整洁，谨防污染藏品。

③有些扫描仪用来固定玻璃盖板的两侧轨道下方呈锯齿状。平时扫描一般的文献时，由于藏品的幅面小于玻璃盖板面积，因此不会触碰到锯齿状区域。而卷轴装文献因为尺幅较长，有触碰到该区域的可能性，因此扫描开始前，需要将两边锯齿用纸条覆盖并粘贴住，以防损坏藏品。

（二）藏品检查及数据测量

选择好合适的扫描仪之后，在数字化扫描开始之前，需要对藏品进行认真细致的检查，这是所有文献在数字化之前必须经历的步骤，不可忽略。

具体到《赵城金藏》，需要注意检查的有以下几个方面。

①卷首的扉画《释迦说法图》是否完好，有无图画残破飞起等情况。

②卷子正文纸张的酸化程度、折痕是否明显，是否能被玻璃板压平而不加深断裂。

③卷轴上是否有粘连，能否顺利展开。

如遇到残破不适宜进行数字化扫描的，应及时送至修复人员处进行处理，并做好交接记录；有一定破损但不影响数字化采集的，要仔细在该加工记录表和藏品描述相关的表单上做好记录，表明破损的地方及具体情况，再进行数字化作业；如果检查完好可以进行扫描，则准备开始进入正式的数字化流程。

可以扫描的卷轴，要对卷轴的数据进行测量：用塑料尺或软尺仔细测量版框的高度及扉画的长宽并做好相应的记录。

（三）数字化流程及操作规范

正式扫描《赵城金藏》时，需要一个扫描人员及一个辅助人员。扫描员坐在正对扫描仪的右侧，靠近电脑；辅助人员坐在正对扫描仪的左侧。降下承稿台，将卷轴置于白板上，扫描员拿住卷轴的一端（系带的一端），辅助人员用双手托起卷轴的主体部分。两人配合着从左至右缓慢打开卷轴，直至将卷轴完全覆盖扫描区域的长边。此时，辅助人员手托卷轴，轻垂在白纸板外侧。双手注意出力托住，切不可让卷轴本身吃力，受重力下坠，以免损坏藏品。

两人配合微调，使卷轴平行于白纸板正中，以保证扫描出来的图像端平而不歪斜。此时可以用铅笔在白纸板上几个相对位置点轻轻做记号，这样在扫描其他卷轴的时候可以根据记号调整卷轴在白纸板上的放置位置，保证扫描出的图像卷轴的位置基本一致。注意一定要使用铅笔。

调整好卷轴的位置后，升起承稿台。辅助人员要随着承稿台一起抬升双手，避免卷轴拉扯，并且持续托好卷轴。此时，玻璃板与白纸板已经将展开的卷轴压紧，可以开始预扫描。需要注意的是，由于卷轴装藏品扫描过程相对比较复杂，数字化采集最好一次成功，尽量避免重复操作。因此每一拍图像扫描的时候必须先进行一个快速的预扫描，在电脑软件界面检查图像正确没有问题之后，再进行正式的扫描工作。

由于机器扫完一拍《赵城金藏》所耗费的时间比较久，中途容易产生懈怠，因此辅助人员必须十分谨慎，在一拍扫描快要完成的时候双手随承稿台下降，保证文献本身不随承稿台的上升下降吃力。这样，一拍图像的采集才算完成。

在扫描下一拍时，卷轴装文献不同于书本的翻页，必须依靠两人的默契配合：扫描员轻轻回卷卷轴，辅助人员轻轻送出卷轴，使白纸板上的正文依次挪动。在卷起已经扫描完成的正文时，要注意留有至少三列文字仍在下一拍的扫描中，既防止内容漏拍，也便于后期拼合图像。待调整好新的待扫描内容时，再重复上文步骤，完成新的一拍扫描。必须注意的是，由于长时间被压缩在整个轴的最中心，因此卷轴越展开，卷子本身回弹的力量就越大，需要辅助人员更加小心地握住卷轴，防止其因为回弹力快速反弹破坏藏品。尤其是在进行最后一拍图像的采集时，当扫描仪采集图像的光束扫过卷轴的尾部时，辅助人员就要用手将轴轻按在白纸板上，防止扫描完成承稿台下降时，卷轴无力支撑快速回弹。

上文叙述了采集《赵城金藏》每一拍图像的一般步骤及操作方法，其需要完整采集的图像有：展开带有千字文号及经文名称的封皮，色卡置于文献左侧 2 cm 左右处；正文展开，题签放置包首上，中间是《释迦说法图》，色卡放置在正文上；拿掉色卡和题签开始依次采集卷轴内容。

一轴全部的图像采集完毕后，交由衬纸人员或修复人员将卷轴回卷成最初的状态，并用带子系好、别子别好。交由项目管理员统一放置在保险柜，等待归库。

至此，一轴《赵城金藏》的数字化采集全部完成。

三、卷轴装文献数字化特点及注意事项

上文完整讲述了《赵城金藏》数字化采集的全过程，由此可以归纳出卷轴装文献数字化采集的特点和注意事项。

第一，卷轴装的文献的高度一般不会超过扫描仪的幅面，但是长度远远长于扫描仪扫描区域的长边，因此采集卷轴装文献的时候需要选择适宜的扫描仪器，扫描区域的长度尽可能长。也正是因为卷轴展开的长度过长，需要在数字化采集开始之前对扫描仪进行更加细致的检查准备工作：加置白纸板作为依托，使藏品摆放稳固，便于加工；检查扫描区域以外的地方是否沾有机油或者其他污染物；在一些有可能触碰到藏品的地方做好预防性保护工作。

第二，由于卷轴装文献长时间呈卷曲状保存，因此文献本身展开后会存在卷子极易回弹的现象。这就决定了我们在进行卷轴装文献的扫描前检查时，尤其要注意是否存在容易受压断裂的折痕，确保文献能够进行数字化作业。在扫描过程中，需要两人配合放卷收卷，双手牢牢托握住卷轴，并随机器上

下移动，防止卷轴回弹以及受力拉扯。尤其是扫描到卷轴尾端回弹力最大的时候要特别注意。

第三，卷轴装文献阅读方式与书本不同，这就决定了在数字化采集的时候一定要注意留有重叠扫描区域，一来避免漏扫，二来便于后期拼合图像。

第四，卷轴装文献采集过程比较复杂，存在较大风险，应该保证采集图像的质量，尽量做到不重复、不反复扫描。因此，要善于利用扫描仪的预扫描功能，及时质检，保证采集到的图像不发虚、不漏拍、不产生其他技术性问题。不应为了节约预扫描的时间，增大图像采集失败的风险。

以上是卷轴装文献数字化采集的注意事项，挂一漏万，还需在具体工作中随机应变，继续积累经验。

第三节　手稿文献数字化采集实例

一、手稿文献概述

（一）手稿文献的定义

手稿是作者书写或有作者修改、批校的作品。从西方编目学的观点来看，作者打印稿也属于手稿范畴。手稿文献主要包括：名家的代表作手稿、复写稿、出版著作的修改稿、外文手稿、打印件；具有史料价值的名家日记、书信；名家代表作的题词本、题跋本或者可称作签名本；著名人物的老照片；古籍善本和外文善本中也都有属于手稿的文献，如司马光的《资治通鉴》残卷等；另外，有一些不属于以上范畴的文献，但由于特殊原因，也作为附件一并归入手稿。

（二）手稿文献的价值

①手稿文献既是文献又是文物。

②通过手稿文献中的名人笔迹可以清晰了解一系列的修改，以及作者的思想变迁。

③手稿文献中有很多未公开且不为公众所知的部分，使其更具有珍贵的文献价值，是宝贵的历史资料。

（三）手稿文献的特点

1. 装帧形式多样

手稿文献装帧形式繁多，有的手稿文献外观同于善本古籍，采用线装、毛装、经折装、卷轴装等传统装帧形式；有的同于普通图书，采用精装、平装等装订方式；有的直接记录在笔记本或作文纸上、剪贴在记录本上；有的装裱在镜框里；有的采用订书钉或圆钉装订；还有些没有装订直接为散页形式，或者作为浮签被粘贴在手稿文献内页。

2. 内容丰富

手稿文献不仅包含常见的作者手写原稿、誊清稿、修改稿、打印稿等，有些入藏的手稿文献还包含名家日记、往来书信和家书、研究报告、笔记摘抄，或附有作者本人的证件证书、老照片、明信片等附件，内容十分丰富。

3. 用纸类型和规格不等

相较于善本古籍和现代印刷品，手稿文献大多在用纸上比较随意，且无一定之规。常见的手稿文献用纸有作文纸、信笺纸、宣纸、白纸、油纸、机制纸等，并且纸张的大小规格、颜色、花纹不一。

4. 手稿文献较为脆弱

很多手稿文献使用铅笔、圆珠笔或钢笔书写，字迹极易磨损，从而影响阅读及识别。还有的手稿文献纸张老化严重，或因保存条件有限等情况而造成纸张残破、边缘卷页、折痕、虫蛀、污渍等，这些问题都增加了数字化采集的难度。

二、国家图书馆藏手稿文献数字化采集实例

此部分手稿文献数字化采集的对象为国家图书馆藏手稿文献，这类手稿文献全部保存在国家图书馆古籍馆库房，每件手稿文献均有明确的索书号及题名。国家图书馆藏手稿文献数字化采集流程与第四章古籍数字化采集流程

基本一致，重复部分此处不再具体展开介绍，详见第四章内容。但基于手稿文献的特点，需在古籍数字化采集流程基础上做出适当调整，以适应手稿文献数字化采集。本节依据"国家图书馆藏清代名家尺牍丛刊项目"为实例，介绍数字化采集流程的步骤和内容，具体如下。

（一）数字化前准备工作

①接收"国家图书馆藏清代名家尺牍丛刊项目"待数字化的手稿文献清单。

②依据项目中待数字化手稿文献清单，建立"国家图书馆藏清代名家尺牍丛刊项目"项目进度表（表 6-2）。

表 6-2　项目进度表示例
国家图书馆藏清代名家尺牍丛刊项目

藏品类型	索书号	题名卷数	册数	著者	版本	所需交付内容（全书/书影）	扫描拍数	交付拍数	存储地	备注

③办理手稿文献出库手续："国家图书馆藏清代名家尺牍丛刊项目"中未被数字化的手稿文献分为善本和普通古籍两种藏品类型，因两种藏品类型文献存放于不同库房，需分别办理出库手续。

④进入库房提取待数字化手稿文献：在提取手稿文献时，需与库房工作人员共同清点提取手稿文献的种数、册数及附件情况（是否含有夹条、浮签等），做好文献出库登记和交接工作。同时还需特别注意手稿文献的保存方式（使用函套、书衣、档案袋、文件夹或塑封袋等保存）、保存状况和装帧形式，及时登记记录。

⑤检查待数字化手稿文献：在数字化工作间进一步查看每种手稿文献的情况，是否有双面书写、粘连、超长页、掉页、破损、夹字、边缘卷页等需要特殊处理的情况。如未发现上述情况，则直接进入下一步骤。如发现上述情况，应及时与古籍修复人员和藏品所在科组工作人员联系，确认文献是否适合数字化加工，是否可以先经修复、拆除原始装订线等处理，并在项目进度表中"备注"位置详细记录发现的情况及解决办法。对于可以进行修复等

处理的手稿文献，需在未修复的原始状态下拍照存档，为后续的修复、数字化等工作提供参考和依据。

⑥为手稿文献分配扫描仪：根据"国家图书馆藏清代名家尺牍丛刊项目"中手稿文献情况、项目要求及数字化进度安排，选择 Zeutsche lOS14000 彩色扫描仪进行数字化采集。

⑦确定采集范围："国家图书馆藏清代名家尺牍丛刊项目"分为全书扫描和书影扫描两种，全书扫描的手稿文献无须夹条，直接告知扫描员全部扫描即可；书影扫描的手稿文献需先依据项目交付要求对待扫描页进行夹条，并告知扫描员具体扫描位置和夹条位置。

⑧测量手稿文献大小："国家图书馆藏清代名家尺牍丛刊项目"中部分手稿文献没有版框，只测量手稿文献的开本尺寸即可；还有部分手稿文献一册内具有多种版框，可选取具有代表性的版框测量并记录；其余手稿文献均需测量开本尺寸、版框、天头、地脚。

⑨衬纸："国家图书馆藏清代名家尺牍丛刊项目"中部分手稿文献纸张较薄，出现透字现象，需对其进行衬纸。

⑩复核环境及设备。

（二）执行数字化采集

①摆放手稿文献。

②应用色卡及标尺。

③确定扫描区域。

④确定输出路径。

⑤扫描（具体操作见第四章第二节）。

（三）图像质检

具体图像质检操作见第四章第二节。

（四）图像重命名

具体图像重命名操作见第四章第二节。

（五）数据入库及登记

扫描数据入库并登记《国家图书馆藏清代名家尺牍丛刊项目》项目进度表。

（六）文献归库

归库前清点、检查，无误后归库。

三、新捐赠手稿文献的数字化采集流程

随着图书馆文献采访业务的增长，定期都会有新增的手稿捐赠入藏。很多情况下，捐赠人希望获得一份数字化文件作为纪念，因此此部分手稿文献数字化采集也逐渐有了一定增量。就数字化采集流程而言，其与馆藏手稿文献数字化要求基本一致，重复部分此处不再具体展开介绍，详见上节内容，此处仅介绍其不同之处。

第一，新捐赠的手稿文献在正式入藏前，通常处于临时保存库房，所以数字化采集前需在指定库房与文献采访人员对接，提取待数字化手稿文献，并做好手稿文献交接登记。数字化采集结束后，需将检查无误的手稿文献归还至临时保存库。

第二，因新捐赠的手稿文献尚未分配索书号和题名，所以在建立项目进度表及图像重命名时，可采用手稿文献清单中的序号和题名暂作为索书号及题名。

第三，对于没有明确顺序标记的散页形式手稿文献，需用适当的办法标记序号，如以首尾字记录作为序号，待扫描后检查复原，以避免数字化过程中出现散页顺序错乱。

第四，在扫描仪承稿台上摆放手稿文献时，册页形式的手稿文献、图书资料等可直接摆放于扫描仪承稿台上；对于散页形式手稿文献，由于纸张较薄，需在扫描仪承稿台上放置软硬度适中、平整、尺寸大于书页尺寸的白板或白色衬纸（通常为白色宣纸），将散页形式手稿文献平整放置在白板或衬纸之上进行扫描。

第五，对于散页形式手稿文献，可每拍扫描均放置色卡及标尺，如遇特殊情况视具体要求而定。散页形式手稿文献命名时，散页背面扫描图像使用：序号＋题名＋第 N 册＋流水号（001 至 999）＋"b"或"背"命名，如"001 手稿笔记第一册 001-b"。若散页形式手稿文献不分册，则重命名时册序项可省略。

四、手稿文献数字化图像质量标准

目前国家图书馆采用的手稿文献数字化图像质量标准如表 6-3 所示。如遇特殊情况，则视具体需求而定。

表 6-3　手稿文献数字化图像质量标准

文献类型	文件级别	主要参数		
		分辨率 /ppi	色彩	文件格式
一般类型手稿文献（线装手稿、笔记本、散页等）	保存级	600	彩色	TIFF
	服务级	300	彩色	JPEG

五、手稿文献数字化采集注意事项

（一）时刻保证手稿文献安全

在手稿文献数字化过程中，手稿文献安全始终是第一位的。持书、取放、翻合应做到轻拿、轻翻、轻放、双手托书。特别薄软的手稿文献，在取放过程中应使用尺寸大于手稿开本尺寸的托板。对于散页形式手稿，由于其本身自重较轻，快速升降扫描仪承稿台或翻动玻璃压板时，很容易造成散页飞出承稿台。为避免此种情况，应调整扫描仪承稿台升降速度，并用竹起子等光滑的工具轻轻按住散页一角，直至承稿台升降即将完成。

（二）保证手稿文献全面扫描

在手稿文献数字化过程中，应保证全面扫描，尽可能保留手稿文献的原始外观和信息，避免二次扫描对手稿文献的再次伤害。若散页手稿文献背面有字，背面也需扫描，并对其进行单独命名。若手稿文献中出现空白页，空白页页数不多时，则全部扫描；如果空白页页数较多，则扫描空白页的起始页、中间页、终止页即可，并在项目进度表中记录手稿文献存在空白页的位置及页数。用于保存手稿文献的档案袋或文件夹其正面和背面均需扫描。手稿文献中的夹条、碎片、浮签或其他附件应全部扫描，即碎片和浮签放置原始位置扫描一拍，去除或翻折夹条、浮签扫描一拍，如果夹条、浮签纸张较薄，则在夹条、浮签下放置衬纸后再扫描一拍。

（三）对手稿文献及时修复并拍照存档

在数字化采集过程中，如遇到需修复或不利于手稿文献保存的装订形式，应联系古籍修复人员和藏品所在科组工作人员，及时进行修复处理。

很多手稿文献采用订书钉或圆钉装订，订书钉或圆钉长时间接触空气氧化生锈后，极易造成手稿文献页面的污染，对手稿文献保存十分不利。所以在遇到此类手稿文献时，建议交由古籍修复人员拆除订书钉或圆钉后扫描，并重新换线装订。

对于拆线扫描的手稿文献，拆线后如果原有装订线可继续使用，则使用原有装订线装订；如原有装订线已经破损，则使用新线装订。新线的选择应尽量接近原始装订线。

如果是平装、精装书或者笔记本形式手稿文献，在拆装后无法进行还原，则必须保持原状扫描。扫描时，要根据装帧形式选择无损的扫描方式。

在对手稿文献进行修复、拆线等处理前，需要先对手稿文献进行拍照存档，并记录检查情况和修复情况，为后续的修复、扫描等工作提供参考和依据。

（四）注意散页形式手稿文献顺序

对于散页形式手稿文献，散页顺序至关重要。扫描前、扫描中及图像质检过程中均需要仔细操作、时刻注意散页顺序，避免出现顺序错乱的情况。

（五）其他注意事项

在数字化同一种手稿文献时，尽可能使用同一台设备、同一扫描区域进行扫描，避免出现图像质量、色彩不同。若不可避免使用不同设备扫描，要按原稿顺序正确插入图像。对于幅面过大的手稿文献，可分拍扫描，最后再根据需求对图像进行拼接处理。如数字化过程中遇其他特殊问题，应及时与藏品所在科组工作人员和古籍修复人员联系，听取专家建议后再进行数字化操作，必要时还需请示部门领导意见，数字化采集人员不可擅自处理。

第四节　特型文献数字化采集实例

一、法帖

（一）法帖物质载体特点

法帖为历代书法家、习书者取法之范本书帖，故名"法帖"，均为石板、木板镌刻后浓墨传拓于纸上，装订为经折装。装帧形式与佛教藏经无异，且一般无图，宜对页摊开，逐次翻页采集。其特殊之处有二。

法帖为黑底白字，墨色浓厚，油亮反光的情况比较常见，数字化采集时对光源的设定调整有一定特殊要求。

法帖的经折装虽为标准装帧方式，但其封面封底多用厚重木板，甚至有书衣木板的厚度大于其正文书页厚度之情况。木板表面光滑，多册法帖叠放时容易滑落，在拿放时须特别注意安全问题。又因年代久远，许多书衣木板开裂变形，在文献的放置、压平、整理收纳时又须特别留心。

（二）法帖数字化采集流程

1. 文献准备

①藏品提取。

②书目核对：法帖的索书号自成系统，一般编为"法帖＋流水号"。题名情况较为复杂，常有一书多名的情况，在书目核对、数据命名整理时应特别注意。

③数量清点：法帖有单册的品种，但更多为多册套装，且册数颇多，多达数十册者亦不鲜见；又册序编排时并非简单的数字排序，常会使用特殊册

序符号系统。

2. 设备调试

法帖扫描对设定的 dpi 值、锐度、环境光线的要求与一般古籍及佛经等其他经折装文献有所不同。特别是光线问题，因浓墨底色油亮反光，必须对光线强度与角度进行单独调节。在扫描木板封面封底时，因木板一般为深色，与黑色托板底色接近，在扫描图像中混为一体难以辨识，有时需要将承稿台更换为浅灰底色。

3. 扫描过程

常规扫描与经折装佛经等无异，但须注意法帖的厚重木板书衣是与首、末纸页粘连的，翻动时用力稍大即易撕裂；多有木板断裂的情况，故每册法帖翻动首、末页时须格外小心；变形弯曲的木板无法完全压平，压力过大会导致木板断裂，过小又无法展平书页，须斟酌调度，选择适宜的压力。

4. 图像质检与数据整理

法帖一般无页码，内容为籀、篆、行、草等各种字体，难以辨识，图像顺序必须在采集中和质检时仔细确认，一旦事后发现次序错乱，如不对照文献原件则极难调整，返工成本比一般古籍更高。

（三）法帖装具

法帖中有不少配备了豪华装具，如书盒、书屉、书箱，木材名贵、制作精美、体量沉重，现有古籍中最奢华的装具往往即属于法帖。装具图像的采集采用静物摄影的方式，力求美观、全面地反映其外观全貌，其上的镂刻雕饰也需尽可能详尽采集。

二、舆图与拓片类文献的数字化

舆图与拓片类文献虽然内容迥异，但因其物质形态同为以单张大幅为主，故而数字化采集方法相似。契约文书也属于单张大幅藏品，但因其扫描与修复同时进行的特性，故单列其后，以示参考。

（一）舆图与拓片类文献物质载体特点

舆图与拓片类文献尺幅较大，日常折叠或卷曲保存，阅览时展开，面积以平方米计，特别是石刻拓片，常常可见长达数米、十数米者。舆图一般展开面积会在 1 m^2 以内，长边不超过 2 m，但也有个别特藏品为超大尺幅，如国家图书馆所藏巨幅古地图康熙《福建舆图》，展开面积达 56 m^2，需十数人协作方可展开一次，折叠存放时也需数人合力才能搬运。这些藏品的尺寸均已超出一般数字化设备的最大尺幅，使用常规设备进行数字化采集时，同一件藏品需按一定方向顺序进行多次分区采集，生成多张图片，后期制作时用图像处理软件将这些图片拼合完整。或采用特制的超大幅面扫描、照相设备，可以一次性采集部分大尺幅藏品。

舆图与拓片数字化采集的难点有两个。

1. 操作过程中的拿取、展开、放置

单张大幅在拿放、展开、折叠过程中极易损坏，须多人协同、小心谨慎。折叠保存的舆图、拓片，年深日久的折痕可能无法完全压平，折痕处纸张纤维脆弱，已存在或易产生裂痕，只能在保证藏品安全的前提下尽量展平。器物全形拓的薄棉纸更为轻薄，拿动、放置时的难度与风险又比碑拓和舆图更大。这些工作一般需要两人或多人合作，超大尺寸的藏品视面积大小决定参与人数。在各种文献数字化采集中，此类文献是最为费时费工的一种，安全风险也较高。基本原则是存在藏品受损的风险时暂时不做扫描，待修复后再进行。

2. 后期数据加工制作的拼图问题

图像拼合对工作人员的耐心、技术及计算机硬件都有较高要求，是一项烦琐、细致的工作。拓片的拼图相对便捷，因碑拓大多只有黑白二色，器物全形拓又有大面积的空白部分，都可为拼图提供较多缓冲位置，避免难度较大的图形直接拼接。舆图则为拼图难度最大的类型，地图内容丰富、线条复杂、色彩信息点较多，且一般少有空白缓冲地带。舆图图像的无误自动拼接是至今尚未能完全解决的技术难题，现只能由人工尽力为之，自动拼接只能期待日后相关技术条件的进步。

因此，如果藏品尺寸在扫描仪的最大画幅内，大幅文献的一次性完整采集是首选方案，尽量避免后期拼图，并尽量减少分拍数量。

（二）单张大幅舆图、拓片数字化采集流程

1. 藏品提取

单张大幅舆图、拓片日常为折叠保存放置，幅面越大折数越多、折叠后厚度越大，有些折叠后并无额外包装，特别是超大幅的石碑拓片；有些则放在纸袋、信封、盒子、函套中。自库房提取藏品后，需用托板或收纳叠放，平托运输。注意叠放的层数、高度、重量，应视具体情况适当调整，以藏品安全为第一要义。

如折叠存放的舆图、拓片折痕过深，出现断裂或折痕影响文献内容的情况，应在数字化之前由修复部门进行修复和平整处理，直接以平展状态提取搬运，夹放在两块数米长的托板之间，多人合作抬运至数字化工作间。运输过程中要确认路线畅通、无障碍，防止碰撞，保持藏品平稳托举，防止倾覆飘落。

特别需要注意的是，有些拓片可能有互相粘连，甚至破损的情况。数字化前整理时如果发现这样的情况，需要马上联系修复人员进行修复处理，不可直接扫描。

2. 设备准备

单张大幅舆图和拓片类文献的数字化采集，应尽可能选用大幅面数字化设备，可提高安全系数、工作效率及成品数据质量。但在硬件条件不允许时，亦可用常规设备分多次采集，后期进行拼图作业。

用常规设备采集大幅面文献，文献必然占据设备平台全部幅面，产生采集常规尺寸文献时所没有的安全隐患。如设备边角处的锋利零件，在数字化常规古籍时不必特别关注，而大幅舆图、拓片在展开时会靠近甚至覆盖其上，负责托扶文献的工作人员亦贴近这些部位，对文献安全、人员安全均构成威胁。这些隐患并非设备自身缺陷，因这些设备主要为常规尺幅藏品而设计，并未考虑采集大尺幅藏品的问题。因此，数字化采集时必须先对设备和场地

进行必要的改造包装，以降低安全隐患，提高工作效率。

使用专为大尺幅文献设计制造的数字化设备进行采集，在资金、场地、人员技术配备等各种条件允许时是工作首选。

3.采集过程

大幅面文献的数字化采集至少需要 3 人同时操作，其中一人负责设备和计算机操作，两人负责藏品拿放。

4.数据整理保存与后期制作

大幅面文献的数字化图像像素值大、占据空间大、加载时间长。

一幅文献如可一次性采集，则整理命名规则与一般文献无异；如分拍采集，先以"文献名 _01""文献名 _02""文献名 _03"（"_"为短下划线）的规则对分拍图片进行命名，拼合图像则命名为"文献名 _ 拼合"，统一存放在以文献名命名的同一文件夹中。

（三）卷装文献数字化采集流程

此部分文献同为大幅单张，但因装帧与保存方式之别，在数字化采集时稍有不同。

1.藏品提取

卷装文献，有的带轴，有的无轴。文献类型主要为单张舆图、拓片，大多带有圆筒或长方体函盒，少量无包装而只以线绳系结。搬运时需特别注意避免碰撞特长文献，并且小心筒装文献叠放时滚动掉落。

2.采集过程

①卷轴展开时，需注意卷首与卷尾的轴棍一端轻重不一的问题，最好是由三位工作人员一同操作：其中两人各持卷轴一端，一人展放、一人收卷，节奏统一、速度一致，另一人负责操作设备。

②卷轴展开时，须保持每拍水平对齐，可在设备承稿台上设置水平线参照物。

③卷轴正面采集完成之后，一般还须采集包首图像一拍，如卷轴背面还有其他信息，亦需采集完全，避免遗漏。

④轴棍外观信息应尽量采集，在正文最末一拍予以扫描或拍照。如遇到特别粗的轴棍，超出扫描范围，则末拍图像仅采集至轴棍连接边缘，轴棍外观，改用照相机另行拍照。

⑤完成采集之后，须两人合作各持一端，倒转收放，再从卷尾轴棍重新收卷如初。

3. 数据整理保存

分拍图像命名与其他单张大幅舆图、拓片相同，包首一拍命名为"文献名 - 包首"（"-"为中短横线），背面其他加扫图像命名为"文献名 - 背面1""文献名 - 背面 2"……或"文献名 - 背面信息 × × ×"，统一存放在以文献名命名的同一文件夹中。

第五节　古籍装具数字化信息规范采集与管理

一、古籍装具数字化信息采集的需求

书籍装具是保护古籍的重要手段之一，并随着书籍装帧形制变化而变化，能够反映特定时期的藏书家和装潢师的保护理念与审美追求。不同材质、样式各异的装具对文献保存保护发挥了重要作用，一些珍贵文献的装具已成为研究古代书籍装具材质、造型和工艺的实物，带有很强的艺术价值和历史价值，成为古籍保护工作中不可忽视的组成部分。

2008 年，国家图书馆为给馆藏宋元善本选配合适的保护装具，曾专门组织专家，就国内现存古籍装具的概况及如何定制保护装具等问题进行了探讨，包括古籍原有旧装具的保护方法，以及新制装具的功能和材质需求。刁麒麟整理了古籍常见装具的样式和图片，指出古籍装具在实际工作中具有"极高的利用率"和"尤为重要的作用"，建议年代早的文献选择楠木匣或箱式装具，明清以后的古籍，选择防尘和避光较好的六合套、插套。陈红彦、张平出版了国内首部专门讨论古籍装具的论著，对装具的发展历史、国内主要图书馆使用的装具类型、样式、功能都加以总结和介绍。

前述论著都是将古籍的装具分为外装具和内装具，认为前者是指储存书的库房，放置书的箱、柜、橱、架等，后者是指直接包裹书籍的帙、函、套等。对此，普林斯顿大学艾思仁教授认为，装具分类尤其是外装具含义仍有可商榷之处，插套和四合套对线装书的订线、书籍下部边缘都有磨损，不适合作为插架装具；并指出插套极可能是 20 世纪初随着西方印刷术传入而引进的装具，主要是应书籍竖放插架的需求而产生的。这些讨论反映了图书馆古籍现实工作的需求，使我们对装具的起源、发展、结构与功能都有了更为充分的认识，对从文物角度进行数字化信息采集奠定了基础。

古籍数字化工作在近十年得到飞速发展。不仅是文献类型多样、装帧形制各异，对数字化影像的采集范围、标准也日益扩大和完善。10 年前，古籍在数字化过程中，一般只做内页图像采集，大多不要求拍摄封皮；现在随着数字化技术的进步、精品高仿和文物细节采集的需求增长，古籍的数字化影像，不仅要有内页，还要有封皮，如果有装具，无论是锦套，还是木盒，都要求拍摄相应影像，并且要求在原件旁边加放色彩导表（通常称为色卡）和量尺，作为色彩还原和原件高仿的重要依据。2016—2017 年，图书馆界应文物管理部门要求，开展可移动文物普查，正式将古籍作为文物进行普查和登记。装具，尤其是入藏图书馆以前的古籍本身所用函套、帙、书盒等（有一些是藏家自己精心制作的），已经属于文献的一部分，自然成为影像信息采集不可缺失的内容。

故此，此处借用"内装具"概念，拟从数字化信息规范采集角度，探讨具体的数字化方法。

二、古籍装具数字化规范采集要素

古籍装具数字化信息的规范采集要素，主要包括装具分类信息的规范化数据、物理外观信息描述的规范化数据，以及由此而制作的元数据、对象数据。

首先是装具分类的问题。以国家图书馆古籍数字化过程中所遇到的装具而言，主要包括以下四大类：帙、函盒、函套（书套）、夹板。其分类名称，在数据采集过程中应该尽量标准化，不要随意使用缩略语或口语化描述。

需要注意的是，不同历史时期使用的书帙材质也有不同，《晋中经簿》载："盛书有缥袠、青缣袠、布袠、绢袠。"现存实物还有竹篾、纸张、麻布等。帙的结构，常见的有单层、双层，基本可以展平，有些订有缥带或缥带和别子，便于捆束后固定。

函，可指盛物的匣子（《战国策·燕策》）。书之有函，约始自汉代。其材质有"玉函""石函""木函"等。函套、函盒就是使用织物或木质材料将书封函保存起来，以避尘蛾、潮湿、日晒。函盒有木质和纸质不同材质。木质书盒的常见形式有：前插式书盒、侧插盖式书盒、销式书盒、扣盖式书盒、卷轴装木盒带托架以及特藏特制装具等。

除了木质书盒，实际工作中，一些卷轴装藏品也常常用到锦盒。锦盒图案多样，别子的材质有象牙、骨、塑料等。

另有一些函盒是纸盒及插套。这些应是 20 世纪初随着西方印刷术传入而引进的装具，并非传统的古籍装具。西文书籍因其纸张、印刷和装帧的特点，书页较中文古籍厚，很多封皮都是纸板或木板再外包皮面或布面制成，书页缝帖的方式多样，能够制作非常厚的书芯，成书重量大，因此所使用的书盒、插套也相对较大，超大开本的舆图和建筑图册等，则往往使用连盖式书盒。

对于一些散页文献，也有用特制的无酸档案盒加以收藏的情况，还有组合使用多种装具的保存方式，如带圆脊书夹的插套，或带内折书夹的插套、带凹槽的书盒等。

国内所用纸质书盒，常见的是连盖式，用布包裹纸板，分盒底、盒盖两部分，盒底能够围住书籍封底、书脊、书口、书头、书根 5 个面，盒盖则可沿着盒底立面盖住封面。许多档案盒也采用这样的制作方式。

此外还有一种特殊的书盒形式，通常被称为插套。其由两部分构成，一部分是外套，用纸板将书头、书根、书脊、封面、封底共 5 个面围起来，只留书口开放；另一部分是书夹，用纸板把封面、封底、书口处围起来，从外套开口处插入。插套便于插架，且书脊部分可以粘贴排架号，为很多图书馆所采用。也有部分藏品只有外套而无书夹。

函套（主要指书套），根据其能够包裹书籍的程度，分为四合套、六合套等。其常用材料，包括蓝布、绫锦等，常见的是蓝布套。函套封面可粘贴书籍题名签。

六合套按函套正面交汇处的纸板形状，可分为月牙套、云套、卐字套等，交相嵌合，非常精致。

夹板的常见形式有平板式、穿带式等，也有多个穿带夹板组合使用的情况。穿带式夹板多带有凹槽，防止带子磨损书籍。其书名签多居中粘贴。

古籍装具的物理外观信息，主要包括装具类型、尺寸、材质、破损信息、附件信息等。在采集装具图像数据之前，将上述信息进行整理、登记，便于后期查找及分类统计。

如前所述，目前数字化的装具类型主要为四种，即帙、函盒、函套、夹板；尺寸以厘米为单位，记录闭合状态下的长、宽、高数值；破损信息包括磨损、虫蛀、撕裂、断线、火烬、水渍、霉菌等；附件信息则包括装具上粘的书签、卡片，夹带的散叶等。有效登记装具信息，可以便于按装具类型或材质快速分类汇总，以为同类型文献设计适用、实用的装具，促进古籍的原生性保护。

三、装具元数据登记

在实际工作中，有一些装具是以组合的形式出现的。在元数据制作时，优先写函套，函盒信息放入备注（表6-4）。

表 6-4　元数据表格（样例）

书号	书名	版本	数量	装具类型	尺寸 /cm	材质	破损	附件	备注
001	列仙酒牌	影印本	1册	四合套	25.5×15.5×1.9	蓝布	无	无	无
002	司马光《资治通鉴》手稿	高仿本	1轴	锦盒	34.6×7.8×7.8	锦	无	无	无
003	金刚般若波罗蜜经	高仿本	1轴	木盒	10×31.5×9.5	木	无	无	无

四、装具图像数据的采集过程

图像数据采集，基本要求是清晰、完整、真实地反映装具的状态。有条件的情况下，在拍摄之前先采集一拍色标为宜。

（一）图像采集位置

单件装具通常采集 4～6 拍图像即可，包括闭合状态下的正、侧、立三个面。此外，函盒采集内部榫卯及反映结构特点的部分，函套则可采集展平图像。工艺标准的四合套或六合套，上下两个板面应能够保持平行。

插套可以将书夹展平采集 1 拍图像。穿带式夹板最好能够采集 1 拍凹槽图片。帙并非常用装具，如果是缝制后的书套，参照函盒拍摄位置采集图像；如果可展平，则卷收状态、展平后的正反面各采集 1 拍即可。

（二）图像采集步骤

无论是拍照抑或扫描，都需要提前确定拍摄位置。设备调试完成后，启动拍摄软件，建立存储路径。存储数据的文件夹通常以"书号＋书名"方式命名，多册文献，在二级目录中以册序命名文件夹，根据册数多寡，可命名为"1""01"或"001"，其中装具为首个文件夹，可命名为"0""00"或"000"。三级目录内的对象数据按"书号＋书名＋三位流水号"格式命名。

①采集 1 拍色标。

②按照装具的正、侧、立、内、平的顺序采集图像。

③藏品置于装具内状态可以采集 1 拍。

④注意取、放、翻、合的动作要轻、慢，以免损坏装具。

图像采集过程中，要将拍摄对象置于单色的背景中，能够突出拍摄对象，尽量将拍摄对象占满画面；色标、量尺，可根据拍摄画面放置于拍摄对象的旁边，距离拍摄对象 0.5～1 cm。多册古籍，可能在书根题字，可采集 1 拍。书帙可以采集闭合状态和打开状态。书根无题字的四合套装具，可以只采集 3 拍。

部分卷轴装文献采用的锦盒，其盖板不能 180° 平展，因此最好将盒身长边与色卡、量尺平行，再加以采集。部分藏品带有排架标签，通常垂于侧立面，可以在闭合状态下采集。木盒拍照与此类似。

以上是简单装具的拍摄示例，有些插盖式书盒，可以另外采集插板的信息。例如，国家图书馆藏《文津阁四库全书》就是前插盖式书盒，除上述标准位置外，还可以单独采集插盖的正反面图像。

以上对古籍数字化过程中的装具数据的分类、图像数据和元数据采集要素进行了初步的归纳与整理。古籍装具（尤其是原有装具）的重要性毋庸赘述，在实际工作中，应该与古籍一起加强保护，并且在古籍文献数字化的过程中采集相应的装具数据，以整体保存古籍及其装具的完整信息，一方面可以满足数字资源永久保存、修复参考的需要；另一方随着数字人文研究（digital humanities）的兴起，古籍装具信息的采集整理和元数据建设，能够为未来的人物、文献、技术之间建立更多的关联，乃至发现新问题，必将促使中国书籍史研究的继续深入。

"大数据""云计算"，这些概念近年来不断充斥互联网世界，也影响着数字化产品的研发和制作。维克托·迈尔-舍恩伯格（Viktor Mayer-schönberger）及肯尼斯·库克耶（Kenneth Cukier）编写的《大数据时代：生活、工作与思维的大变革》（*Big Data: A Revolution That Will Transform How We Live, Work, and Think*）中，对"大数据"的含义加以界定，即指不用随机分析法（抽样调查）这样的捷径，而是采用所有数据进行分析处理。

古籍特藏数字化，也必将随着数字人文研究的兴起，而加入"新潮流"之中。古籍特藏数字化工作已开展多年，由各机构或企业开发的数字化产品层出不穷，对未来如何结合数字人文发展的趋势，进行更有效的数据建设等理论研究与实践工作都有长足的进步。以中华书局"中华经典古籍库"为代表，古籍数字化产品已经从基础的目录库、图像库转变为具有学术水准的全文和图像的知识库。

IBM 提出，大数据具有 5V 特点：大量（volume）、高速（velocity）、多样（variety）、低价值密度（value）、真实性（veracity）。其最后一个特点，恰恰是古籍数字化所有后期工作的基础。正如信息技术科学研究领域流行的那句"garbage in, garbage out（GIGO）"。然而对很多具体实施古籍数字化工作的机构和企业而言，如何兼顾保护与利用的要求，安全可靠又真实完整地采集第一手对象数据，实为工作中的重点和难点。

由于古籍特藏类文献的特殊性，在数据采集过程中有许多有别于新书的要求。结合业务特点，自 2011 年起，我们曾经对不同类型的数字化项目的作业布局、工作流程、规范操作要点等内容进行了总结，形成了科组的业务手册，成为古籍馆所有古籍特藏类文献数据采集的基本指南。而今天集合于本书的成果，更是大家筚路蓝缕、日月累积近 8 年的经验和反思。

近两年古籍数字化采集对象也发生了很多变化，从传统书籍装帧的古籍文献，到大幅面石刻拓片文献，以及近现代手稿，装帧各异、材质不同的加工对象，对扫描设备、作业流程、操作人员都提出了与书籍数字化不同的新要求。在本书的第六章，就对大幅面拓片和舆图直译过来是"如果输入错误的数据，结果也是错误的"。通常认为这句话是 IBM 程序员乔治·富希瑟（George Fuechsel）提出的，用以提醒学生必须检查和重新检查他们的数据并编码以确保结果是有效的。

可以说，古籍特藏文献的数字化采集，是所有文创工作 —— 包括文创产品、文创活动、文创服务，以及图书馆出版、展览、数字化服务的基础，因此对每一类型的交献、对每一个技术动作、每一个流程细节、每种加工设备特点，都值得深思和总结。这些"指南"性质的总结，跟理论研究、原则标准相辅相成，对古籍特藏文献的数字化工作都具有重要意义。为了在实际工作中方便利用，本书内涉及的部分专业术语，直接采用英文缩写，部分括注原文。

古籍特藏文献数字化工作短期内看起来是"为人做嫁衣"，但长远来想，未来学者讨论"电子书的诞生"之时，今日所花之功夫，不亚于研究纸本文献的物质性（书籍制作史）和社会性（书与人的关系），对传统文化以新载体形式的永久保存、新介质的电子书制作与利用研究必有贡献。希望未来，相关从业者皆能"保持初心""不忘本来"，敢问、敢做、敢改变，在持之不懈地努力中，共同肩负起优秀传统文化传承与传播的使命。

　　附：印谱文献的数字化采集

印谱是将历代钤印收集汇总的书籍，是一类别具一格的文献。装帧形式与普通线装书无异，但除序跋部分的少量雕版印刷以外，主体内容为钤印，即将印章钤盖在印好版框的空白稿纸或者纯白纸书页上，有些印谱还附有印钮拓形、印文释读及钤印简介。此种文献的数字化采集与一般线装书处理方式或相似，只需注意其衬纸安排。一般序跋文字部分需要如其他古籍般衬纸，钤印部分无须衬纸，因为大多数印谱每叶均只钤盖前半页，后半页为留白，朱印又较墨色文字颜色柔和，更不易透过纸背。

需要注意的是有个别印谱每叶版心左右均有内容，或释文、印钮、简介，或每叶钤两印，又或偶有朱印浓重色透纸背者，此皆需要如一般古籍衬纸。

附：契约文书的数字化采集

1. 独特性：扫描与修复同时进行

由于契约文书尺寸不一，保存情况各异，多有褶皱、卷折、破损，需进行除尘、压平、修复后再进入扫描流程。清点出库数量后，应将需要修复的契约文书送至修复人员处，请修复人员根据每页的具体情况进行处理。

修复处理一般包括喷水、展平和修补破损部位。修复处理后的文献，还要压平。待彻底晾干后，再将修复后的契约文书送往数字化扫描间，进入正常的数字化流程。

2. 对策：契约文书采集注意事项

一般在扫描仪承稿台上放置白色宣纸作为扫描背景，并配置色卡、标尺等工具。

契约文书图像外围要求留白，留白宽度为 1 cm。

原件上的污渍、残缺、虫蛀等情况一般不做处理，保持原始状态。

原件有粘贴物的，先将粘贴物掀开扫描一拍，再将粘贴物复原与原件一起扫描一拍。

原件过大、超过扫描仪托盘尺寸的，分两次或多次进行局部扫描，然后根据该件的原始形态进行拼图。

拼接后的图像要求与原件基本一致，内容完整清晰，避免歪斜、重影、变形等问题。

扫描完成后，对此批契约文书进行整理、清点，核实无误后，依照编号顺序卷好，放置在契约文书定制装具再行归库。

第七章　古籍数字化知识管理

第一节　古籍数字化知识管理的内涵

一、古籍数字化知识管理的概念及其认知

（一）知识管理概念的启示

知识是个人能力和素养提升的重要基础，更是促进社会快速发展的巨大推动力。古籍是学术和思想传承的重要载体，是后人与历史文化沟通的桥梁。古籍所蕴含的知识涉及哲学、史学、文学、科技、宗教等众多学科领域，有着重要的历史价值、文物价值和学术价值，因此在古籍数字化环境下，把人的智慧和科学技术充分结合，有效地揭示数字化古籍中潜在的、有价值的知识，使之成为学术研究可靠而丰富的知识源，显得十分重要。在这个意义上，基于知识发现和知识描述的数字化古籍研究和实践并不能完全涵盖数字化古籍的新领域，因为其作为一个系统工程，实际上是古籍数字化知识管理的问题。

M. 布罗德本特（M. Broadbent）认为："知识管理是挖掘并组织个人及相关知识以提高整体效益的一种目标管理流程。"褚峻从企业管理的角度出发，认为知识管理的对象是企业内部的知识，包括显性知识和隐性知识，由于企业内部知识价值核心主要是隐性知识，而隐性知识作为认知的过程存在于人脑中且是非编码化的，因而对隐性知识的开发和管理可以看作对人的管理。这样，知识管理流程就是一个复杂的过程，应该包括知识开发、知识组织和知识创新，不仅要对显性知识进行管理，还要对隐性知识进行开发和管理。王广宇认为："知识管理是为了实现知识的资本化和产品化而进行的一个流程，这个流程包括知识的获取、整理、保存、更新、应用、测评、传递、

分享和创新等基础环节。"刘冀生将知识管理定义为：一个组织作为一个整体在组织内外知识的海洋中，充分利用各种工具和手段，对知识的捕获、应用和创新的过程。关于知识管理的定义有多种不同说法，但目前为人们所普遍接受的定义是这样的："知识管理是指通过信息技术和业务过程的结合，以多种形式进行知识的表示、组织、获取、存储、发布、使用和创新的过程。"从诸家关于知识管理的定义可以看出，知识管理是对知识的管理过程或管理活动。

（二）数字化古籍存在的认知误区

整理相关资料发现，目前数字化古籍界的一些相关人员，对于古籍数字化知识管理的认知存在两个误区：一是认为古籍数字化仅是古籍的扫描或文字、图像的转录，二是把古籍数字化视同古籍整理。这两个认知之所以是误区，是因为相关人员都没有理解古籍数字化和数字化古籍的含义和区别。

第一个误区是把古籍数字化视为机械性地扫描或转录成数字化文本，仅通过转换介质实现保存古籍的目的，没有充分认识到数字化古籍的特点，以及其进一步的开发可以借鉴一些古籍整理方法。古籍数字化是一个过程或一种行为，数字化古籍是被数字化后的资源，具备被重新开发的条件和基础，也就是通过一定的手段挖掘所蕴藏的知识。保存古籍是古籍数字化的首要目的，但不是古籍数字化的全部目的，古籍数字化还存在开发与利用问题。数字化古籍本身就是开发，但不是理想的开发，也不是全部开发，还不能很好地完成利用古籍的目的。古籍具有很强的学术性，古籍数字化过程比一般的文献复杂，特别是检索点的提取和古籍文献内容解析方面。为了达到开发和利用古籍的目的，数字化古籍无论在单种书的加工整理上，还是数据库的建设上，都需要特殊的方式。因此，在古籍数字化时，可以适当借鉴一些古籍整理方法，比如，在古籍数字化之前运用目录、版本、校勘和文字、音韵、历史文献等各方面知识对不同版本的古籍进行点校，选取优质古籍版本。

第二个误区是扩大了古籍的范围。一些古籍数字化开发商为了获取经济效益，未坚持古籍保真原则，选取原古籍的影印本、整理本等版本进行数字化，大大降低了数字化古籍的学术价值。古籍数字化的首要前提是古籍，主要是指 1912 年以前在中国书写或印刷、具有中国古典装订形式的书籍，这包括装订形式和图书内容，而且是统一体。1912 年以后书写或印刷的图书（包括影印、整理出版）基本上不属于古籍。所以数字化的古籍不能是 1912 年后书写或印刷的图书（包括内容上属于古籍而形式上不是古籍的、形式上属于古籍而内容上不是古籍的）。举个例子，1912 年前书写或出版的《史记》及《史记》整理的各种版本都是古籍，但是 1912 年之后书写或出版的各种《史记》及其整理本，包括 1959 年中华书局出版的《史记》整理本，都不是古籍。总的来说，数字化古籍选取的对象有两种，一种是一个单位为保存自身收藏的古籍而建设的，只能以本馆收藏古籍为数字化对象，无论版本好坏，都要数字化，不存在选取最好的版本问题。馆藏古籍未必是最好的整理本，而最好的整理本未必是古籍。另外一种是通用的数字化古籍，即不是以具体古籍收藏单位收藏的古籍为数字化对象，而是在存世古籍中找出最好的版本和其他形态，建设古籍数据库。

（三）数字化古籍界对知识管理的认知

通过对古籍数字化知识管理认识误区的分析可以发现，古籍数字化知识管理也可看作数字化环境下的新的古籍整理过程，它与传统古籍整理方法既有区别又有联系。数字化古籍界理解的古籍整理通常包括两个方面的内容：一是对古籍进行典藏，达到长久保存古籍的目的；二是对古籍进行分类编目，方便读者检索利用。李明杰提出数字化环境下古籍内容的组织性整理，即对数字化古籍的内容结构进行重新组织编排。一部古籍或一篇文章中的知识点通常分布较散，为了集中某类古籍或某类内容，要对数字化环境下的古籍内容，即对数字化古籍的知识片段和内容结构进行重新组织和转换，从中发现新的知识或使之成为一种新的文献类型或知识序列。也有研究者认为对古籍进行扫描、录入等信息技术处理并不是最终环节，被处理后的数字化古籍不仅是数字化环境下古籍整理的结果，也是下一步对数字化古籍进行再度开发的对象和基础。从某种程度上讲，对数字化古籍的再度开发是在数据的驱动下，通过知识元解析、智能检索、语义分析到关联挖掘等方式实现对数字化古籍语义的深度解析，这是对古籍知识的数据化处理，也为古籍数字化知识管理提供了丰富的知识基础。虽然相关研究没有明确提出古籍数字化知识管理的概念，但这些认识体现了数字化古籍界对知识管理的关注。

（四）古籍数字化知识管理概念的界定

数字化古籍有五个基本特征：一是实现图像、文本字符的数字化；二是具有强大的检索查询功能；三是能进行超链接设计，浏览阅读环境的超链接性；四是能对有关古籍内容本身科学的信息进行准确的统计与计量；五是能够借助关联技术提供与古籍内容相关的参考资料与辅助工具。由于数字化古籍的特殊性，数字化古籍的检索、浏览、下载等功能都必须在计算机环境下才能得以实现，因此对数字化古籍的知识管理同样是在计算机环境下完成的活动。结合数字化古籍的几个特征和知识管理的概念启示，可以这样认为：古籍数字化知识管理是指在数字化环境的条件下，通过智力投入和技术手段的运用，发掘、组织和创新数字化古籍所隐含的知识，实现古籍知识传递和知识服务目的的活动。这一概念的提出可以整体、全面地描述有关数字化古籍的知识挖掘、知识组织和创新、知识服务等内容。

二、古籍数字化知识管理的内涵

（一）开发数字化古籍知识发现的功能

知识管理的对象是知识，其首先表现为知识发现，充分揭示知识本体及其内在的知识关联，以符合人类认知习惯的方式解读成机器可以理解的语言，组织成新的知识体，通过导航和索引指导用户检索和浏览，并能以超链接或其他技术支持帮助用户任意扩展到相关的知识序列，发现有效的、有价值的新知识。近年来，越来越多的研究者关注数字化古籍资源的深度开发，更加注重读者如何获得较完整的数字化古籍知识体系。这需要在知识组织和创新过程中加强构建古籍与现代普通图书、古籍与古籍间的有机联系。通过古籍数字化知识管理，充分开发数字化古籍知识发现的功能能够促进这一目标的实现。在海量数字化古籍信息基础上，开发数字化古籍的知识发现功能，对数字化古籍进行深层次数据挖掘，并采取结构化、开放式的数据库来组织和揭示资源，全方位、多维度、多层次进行知识重组和表达。同时，强调读者集体智慧和参与，而不是学科专家的知识垄断和共享；强调用户个性化的交互方式和体验，而不是普遍性的，以大众为导向进行无差别信息发布。知识发现是古籍数字化进程中的重要内容，是古籍数字化知识管理的前提和基础。要实现数字化古籍为学术研究服务的最高学术目标、价值得到最大限度的发挥，对古籍知识进行知识管理是必要的。知识管理能够使知识发现这一过程更加规范，二者相互联系，最终目的都是更好地理解、运用和传递古籍知识，发挥数字化古籍的作用。

例如，有研究者提出在古籍数字化的过程中建立本体知识元模型。具体做法是将"本体"引入古籍数字资源中，借助已有的传统索引工具，建立新型的本体知识元模型，使分散于某部古籍或某篇、某卷间的特定信息集中起来，对其中的语义进行深度解析，使其具有某种关联性。在此基础上加强标引的专业性，可以实现深入的数据挖掘和知识抽取，从而达到重整古籍内容资源的目的，实现知识发现的功能函。当前，有多种建立本体库的方法，具体的详细应用各有不同，但在实际的操作上，较多的研究机构选择 SENSUS 法、TOVE 法、骨架法等。

（二）实现数字化古籍知识服务的目的

数字化古籍知识服务是实现数字化古籍资源共享的关键环节。古籍文化和古籍所蕴含的丰富知识是全人类的共同财富，应该全人类共享。为了提高古籍的利用效率，使之发挥最大的价值，改变以往古籍束之高阁的境况，使之方便广大读者获取和利用，实现数字化古籍知识服务势在必行。

古籍数字化知识管理经历了从数字化古籍数据服务向知识服务过渡的过程。知识服务是古籍数字化知识管理的重要特征之一。以知识为源泉的知识服务能力是古籍数据库建设方向的重要驱动力，决定着古籍数字化知识管理的资源转化和服务绩效。知识服务的提供需要知识发现技术和组织技术的创新。数字化古籍知识服务是古籍数字化和知识管理的必要环节，不仅是为了促进古籍数字化的发展，更是为了对古籍知识进行有效管理，服务于广大读者和科学研究。目前，通过对数字化古籍知识发现的开发，可视化技术和知识检索技术在知识服务领域的应用，丰富的数字化古籍信息资源已转化为宝贵的知识资源。读者可以通过良好的知识展示方式和知识获取途径掌握数字化古籍所隐含的知识，因此未来的数字化古籍建设应该继续强化质量层次，不仅为这一代人服务，还要为千秋万代服务。

三、古籍数字化知识管理的必要性

（一）古籍数字化知识管理是古籍数字化的重要目的

古籍数字化不是一个简单的数字化工作，数字技术所承载的内容有更深刻的内涵，它有着更高的使命和学术目标，即普及中华传统文化和服务于古籍研究工作。因此，古籍数字化不能只着眼于技术，关注古籍载体的转换或提供简单的信息检索，更不能以市场运作为主导，盲目建设各种古籍数据储存库。未来的古籍数字化是人文和科技的紧密结合，是以知识为建设导向的大规模系统工程。在强有力的基础理论和信息技术支撑下，构筑一个拥有海量知识数据、多种知识模型、能服务于不同社会群体、数据挖掘和知识发现功能的大规模平台，以同步实现古籍的保存和保护、适应不同学科特点、满足不同知识背景用户的需求、推动知识创新和学术发展的目标。可以认为，古籍数字化知识管理是对古籍数字化实践活动全过程的有效调控，其理论是关于古籍数字化实践活动的调控理论。它涵盖了对数字化古籍资源及其相关产品的预测、决策和评价的研究，古籍数字化的管理体制和开发机构的研究，古籍数字化从业者的素质及技能的研究等多方面问题。此外，古籍数字化知识管理不仅是为了对数字化古籍进行深入挖掘，更重要的是通过具体实践操作，满足读者的更高水平的知识需求，服务于科研工作，同时提高数字化古籍的使用价值，使之成为活着的民族精神传承资源与文化生命，这也是古籍数字化最重要的目的。因此，为了把古籍数字化工作推向更高水平，必须结合古籍数字化的特点，加强对古籍数字化知识管理理论的总结研究，给古籍数字化管理的实践提供强有力的理论支持。

（二）数字化古籍蕴含丰富的隐性知识

关于隐性知识的定义还没有统一的明确规定，通过对相关研究内容进行总结，可以把隐性知识看作与显性知识不同的、相对的，还没有被编码和表达的知识，是个人或组织在长期的实践过程中积累的判断、模仿、认知的结果，难以用图文表示，不易传播，从某种程度上讲也是一种沉淀的思考和行动，但通过人的脑力和计算机技术的作用，还是可以进行挖掘、显性化表达实现传播和共享的目的知识。我国具有浩浩荡荡的文明史和源远流长、博大精深的中华文化，丰富的古籍便是有力的传统证明。我国现存的古籍是古人智慧的结晶，这些古籍记录了古代政治、经济、文化、军事、宗教等各领域的详细材料，对研究我国古代的科学文化发展、民俗风貌等内容有着极重要的作用。如今，数字化古籍以数字化形式将这些珍贵的精神财富原样保存，但由于古籍产生于特定的历史背景，其文字、语言、记录方式等方面有较大区别，甚至古籍所依附的载体不同，也会对研究整个文明史的进展产生巨大影响。因此，对每一部古籍都应该进行深入研究，通过专家或个人，并借助一定的工具和方法挖掘其中的隐性知识，为科学研究服务，否则古籍知识便如同束之高阁，普通读者难以接触。例如，当前一些解读古代经典的电视节目，专家们根据经验对《论语》做出词、句的精辟解释，对《红楼梦》代表人物做出具有高度专业性的分析和评价，使更多的人了解了潜藏在古籍内部的隐性知识。虽然不是数字化形式，但是发掘了古籍隐性知识的表现。

虽然数字化古籍与原古籍的载体不同，但二者的内容是相同的，因此数字化古籍同样具有丰富的隐性知识。充分挖掘数字化古籍的隐性知识其实是一个知识发现的过程，通过这个过程所采集的知识是古籍数字化知识管理的重要资源基础。同时，对数字化古籍所包含的隐性知识加以创新是古籍数字化知识管理的重要环节，隐性知识是该创新过程的原动力。该过程不仅是一个集知识开发与知识重组于一体的过程，也是一个在创新中不断发现问题和解决问题的过程。日本学者野中郁次郎认为，隐性知识作为一种认知主要存储于人们的头脑中，在数字化古籍隐性知识开发和知识创新的过程中，人处于主导地位，扮演着最重要的角色，计算机和网络虽然具有巨大的信息处理、存储和传播能力，但它们仅仅是人们为了扩展和延伸脑力所利用的工具和渠道。可见，在数字化古籍隐性知识深度开发的过程中，要充分利用人的脑力和智慧，增加数字化古籍隐性知识的广度和深度。

（三）古籍数字化知识管理可以满足读者的知识需求

古籍数字化为广大读者提供了快捷获取古籍资料的渠道，但现有的数字化古籍大多只能提供一般的阅读浏览和全文检索功能。随着各学科学术研究队伍的不断壮大，研究人员和广大读者的知识结构日益更新，人们对数字化古籍的知识需求越来越多元化、深层次化，不再局限于浏览、检索、复制等简单的需求，而是更多地着眼于与古籍相关的传统人文学术研究，例如：某部古籍的成书经过、版本源流、学术思想的传承和后世评价；如何判定某部古籍的作者是否误置；某个朝代的典章制度对经济文化发展的影响；某个作者的生平事迹及后人对其做出的研究和评价等内容。这些都是古籍数字化知识管理所要研究的内容，具体操作是在数字化古籍知识组织和创新的过程中。也就是在发掘数字化古籍隐性知识的基础上，利用语义网、知识地图、关联数据等技术，更快地深入数字化古籍的内部，帮助读者排除冗余信息的干扰，获取专业性的知识，并且为读者的知识需求提供更大的空间。例如：在研究某个作家的影响时，通过计算机的统计和分析，可以解决后人的文学选本、著述、创作中收录或引用该作家作品的次数和频率问题，列举出后人在韵律、风格、字句、语法表达等方面受前代作家作品影响的具体表现；还可以利用计算机强大的运算和识别能力，通过排列出古今文学作品的作者被误置的误置频率、误置类型、个案和总数，很快地有效解决古籍中文学作品署名的错乱问题，这对进一步研究古代文学作品的刊刻、传播大有裨益。

第二节　古籍数字化知识管理的现状

一、古籍数字化知识管理的现状

（一）数字化古籍现状

数字化古籍是古籍数字化的成果，其现状主要从数字化古籍的分类和数量两个方面分析。我国古籍数字化已取得较大成果，相应的数字化古籍资源在种类和数量上也达到了一定规模。种类上主要分为磁盘数字化古籍和网络数字化古籍，具体数量按照不同种类、不同数字化项目进展情况进行介绍。

磁盘数字化古籍是古籍经过数字化处理后，以磁盘形式存储和传播的方式。下面是以表格形式列举出规模较大的"中国基本古籍库"光盘工程、"中国历代基本典籍库"大型数据库系列光盘、国学公司制作的专题光盘、古代类书《古今图书集成》光盘。具体内容如表7-1。

表 7-1　大规模磁盘数字化古籍

名称	时间	产品	收录范围	详细信息	制作商
"中国基本古籍库"光盘工程	1998年正式启动；2003年出版；2005年10月全部出齐；2006年12月推出5.0版	哲科、史地、艺文、综合四个子库光盘全套共500张	从传世先秦至民国期间的古籍1万余种，涵盖全部中国历史与文化	内容总量相当于三部《四库全书》；预计全文20亿字；将是世界上规模最大的全文电子出版物；采用国际编码的超大字库及简便的结构输入法；学术性较强；具有强大的检索功能	北京大学
"中国历代基本典籍库"大型数据库系列光盘	2003年	《先秦两汉魏晋南北朝卷》《隋唐五代卷》《宋辽夏金元卷》和《明清卷》	共收录3000多部（6亿多字）古籍	每套光盘的每部文献都编写有内容提要；按照朝代编选的一套大型古籍数据库系列光盘；具备先进的检索引擎；其中《隋唐五代卷》已面世，收录136部（近亿字）的重要文献，包括诗文总集、唐人注疏、地理文献等九类，是研究隋唐五代政治、经济、军事和文化的必备电子资料	国学公司研制，商务印书馆出版

续表

名称	时间	产品	收录范围	详细信息	制作商
国学公司专题光盘		《地理文献典》《中国古代小说典》《国学备览》《国学备要》	《国学备要》共收录研究人员常用的古籍280部	经部20种，史部70种，子部140种，集部50种；主要面向文史研究机构、专业人员和文史爱好者；光盘内容可以复制；具有强大的搜索和词典功能；约1.5亿字。经部20种，史部70种，子部140种，集部50种；主要面向文史研究机构、专业人员和文史爱好者；光盘内容可以复制；具有强大的搜索和词典功能；约1.5亿字	
		《国学U盘智能图书库》系列	共有10多种型号；型号不同，收录种类不同	有各种专题知识库；人性化设计，智能化程度高；数据采用unicode编码，可在各种版本的Windows下使用	
古代类书《古今图书集成》电子版	1999年	共27张光盘	上至天文、下至地理，中有人类、禽兽、昆虫，乃至文学、乐律等，包罗万象	是原文图形版式；便于携带和保存；有完善的检索系统；在印刷版索引的基础上，编制有一千六百万字的索引数据库，该索引体系编制得十分精细，共分为38个子库，近四十万条记录，约1200万字	广西金海湾电子音像出版社和广西师范大学出版社联合出版

除了磁盘版的数字化古籍，还有大量的网络版数字化古籍。具有代表性的规模较大的有"爱如生"古籍网站、瀚堂典藏数据库和中国国家图书馆网站的古籍电子文献、国学网、中华佛典宝库网站。具体内容如表7-2。

表7-2　网络版数字化古籍

名称	分类	详细信息
"爱如生"古籍网站	大型数据库	是大陆电子文献非常丰富、最具代表性的网站；内容属于综合性；涵盖方志舆图、金石考古、书画篆刻、通俗文学等各方面内容；包括宋元珍本、明清善本等珍贵典籍；该网站的"典海"栏目收录先秦至民国的历代重要典籍5万种；推出中国古籍库个人版；能进行全文检索和图文对照
	数字古典	
	系列数据库	

续表

名称	分类	详细信息
龙语瀚堂典籍数据库	小学工具	采用 unicode 扩展技术；基于四字节汉字处理的古籍处理系统；有"殷周金文库""中国古印库""中国简帛库"等数据库；还有大量的碑文、金石拓片和石刻；目前大陆唯一可在微软平台上支持超大字符集、可进行自然语言全文检索、实现编辑功能的古籍数据库；有图版对照，使用通用浏览器即可浏览、检索和复制
	出土文献	
	传世文献	
	专题文献	
中国国家图书馆网站	中文拓片资源库	电子文献比较丰富；大量常见古典文献，都可免费查阅
	地方志资源库	
	甲骨资源库	
	年画资源库等	
国学网	国学宝典	为国学研究提供资讯的网站；收录了上起先秦、下迄清末两千余年间的典籍文献；所收书目均为汉语文献；原书目录及索引由软件自动产生；目前仍在不断扩充；国学网上还有不少中国古代经史子集各类典籍供免费阅览；所有电子文件的整理标引均统一数据库格式

通过上述两个表格可以看出，磁盘版的数字化古籍资源和网络版的数字化古籍资源的种类和数量都非常丰富，有的古籍库在数字化古籍内容上仍在不断进行扩展。此外，上海图书馆的古籍数据库和首都图书馆馆藏古籍珍善本图像数据库也拥有大量的数字化古籍资源，这些为下一步的古籍数字化知识管理工作提供了充分的资源基础。

（二）有关古籍数字化知识管理的发展变化

当前，没有关于古籍数字化知识管理的系统研究内容，本文从相关基础理论研究、技术手段革新两个方面来说明古籍数字化知识管理的发展变化。

一是关于数字化古籍基础理论研究。在古籍数字化初期，数字开发商更多地关注从技术层面解决古籍数字化的载体转化、检索、浏览等问题，没有重视各领域文献专家在古籍数字化过程中的价值和作用。研究者们的主题研究方向也较多地集中在古籍数字化的发展现状、利用等浅层问题，缺乏对古籍数字化深层次的、系统的理论研究。随着数字化古籍资源取得大规模成果，学术研究规范进一步发展，越来越多的研究人员发现，数字化古籍不但具有强大的生命力，而且有广阔的发展空间和应用前景。较多的研究者开始重视数字化古籍深度开发、知识发现等方面的理论研究，借鉴文字校勘、版本选择、辨伪等传统古籍整理方法，对如何能更多地开发数字化古籍知识进行多角度的理论研究。

二是关于技术手段不断革新对古籍数字化知识管理的影响。古籍数字化的前提是数字化技术的成熟，没有高水平的数字化技术，就没有成千上万的数字化古籍资源。随着现代信息技术的不断革新，古籍数字化经历了最初对古籍文献进行简单加工、处理，形成各种古籍数据资源库，到建设古籍数字化深度开发项目，揭示数字化古籍所蕴含的丰富知识的复杂过程。由此而产生的各种信息化的数字化古籍产品，为广大读者提供了广阔的阅读空间和科研空间。数字化古籍理论研究的不断深化和技术手段的应用都是为了更好地对数字化古籍进行管理。在实现古籍再生性保护的基础上，提高古籍数字化实践活动的效率，使古籍知识广泛传播，更好地服务于广大读者。

二、古籍数字化知识管理存在的问题

（一）知识管理方式未得到重视

目前中国古籍数字化工作的重点工作仍局限在启动较大型的古籍数字化保护项目和建设各种古籍数据库两个方面，侧重于对古籍外部特征和原内容的描述，建立方便读者查询古籍信息的检索系统。中国古籍数字化方式主要有原样数字化、文本式数字化和知识型数字化三种类型，但目前的古籍数字化是按照原样数字化和文本式数字化两种方式进行的，主要以保存古籍为目的，建设各种古籍文物数字化保护项目和商业性古籍数据库。古籍数字化方式没有向知识型数字化方式转变，未按照知识管理方式发掘数字化古籍中潜藏的知识，缺乏对古籍数据库进行深度标引，优化工作关注重点仍在大数据量、标准化等浅层次问题，古籍数字化知识管理还未得到重视。

但是，在中国古籍数字化工程项目中，最终环节是数字化典藏转化为内容产业（更高层次利用并拉动知识经济的发展）。方广锠对数字化古籍知识模型建设的设想，从某种程度体现了古籍数字化知识管理方式已得到关注；

但要实现建立数字化知识模型、古籍知识拉动经济的发展等目标，任务十分艰巨。知识管理方式得不到充分重视，没有专门的机构开发相关项目是阻碍因素之一。

（二）偏重技术化

近年来，有人提倡利用计算机技术对数字化古籍知识进行深度挖掘，提供深层次的知识服务。技术是促进古籍数字化知识管理发展的有效手段，但目前仍有一些古籍信息处理方式存在技术瓶颈。因此，把技术放在主导地位，夸大技术的力量，不利于古籍数字化知识管理的开展。例如，大部分古籍数据库设置有简单检索和高级检索功能，检索效率较高，但检索到的内容精准度较低，而且错字较多，导致文献征引错误，对学术研究活动造成不良影响。

随着 OCR 光学识别技术、智能化处理技术等数字化技术在古籍数字化过程中的广泛应用，古籍载体由纸质转化为各种电子媒介，呈多元化发展趋势，使古籍的保存期限更加长久，可获得性大大提高。但是，目前古籍数字化重在数据库的建设和检索功能的开发，自动校勘、自动翻译和自动标点等智能化技术在古籍整理过程中的应用还不够成熟，在通用性、处理数据的可交换性、实用性等方面存在很多不足，如标点不当问题。"屈原死于顷、襄之世"这句话的标点，出自宋洪兴祖《楚辞补注》中华书局 1983 年版点校本。显然，"顷襄"之间用顿号是因为点校者把楚顷襄王误解为两人，用顿号是错误的。若以此错误版本直接对古籍内容数字化，也没有文献学家对数字化后的古籍进行校勘，必然导致原意完全变化。类似的现象还有数字化古籍自动注音，古籍数字化技术按照《汉语拼音方案》为主要标准进行注音，而古代注音一般用直音，至三国魏孙炎始用反切，后世通行。胡三省《通鉴释文辨误》纠正史焆《通鉴释文》中的音注之误有 150 余条，原因是史氏为眉山人，其音注往往据蜀方音为反切。这些人为因素造成的注音问题，仅靠计算机智能化技术并不能自动识别并解决，甚至导致更多的错误。因此，应该认识到古籍数字化知识管理是一项复杂的学术工作，最有价值的古籍知识，来自人脑的共同智慧，对数字化古籍偏重技术化的处理，不利于数字化古籍知识的有效开发和传递。

（三）数字化古籍开发程度较浅

随着科学技术的快速发展，图片扫描、文本处理、字体规范等技术在古籍数字化过程中应用越来越广泛。传统版本的古籍内容被转化成计算机可读的数据，仅实现了保存古籍内容的基本目标，数字化古籍大部分潜在的知识还不能被智能检索和识别应用。虽然近年来建成的古籍数据库数量不少，但真正得到广泛使用的并不是很多。制约数字化古籍有效利用的重要因素，除了版本间的差异、准确度较低、检索不方便等，还在于现阶段对数字化古籍的开发程度不够深化，缺少对数字化古籍潜藏知识的提炼和揭示古籍内容特征规律的分析，不能为读者提供更多存在却未被发现的有价值的知识。

由于古籍中普遍存在避讳字、俗体字、异体字等计算机难以识别的字体，而计算机系统的字库不能包含所有字体。因此，很多开发商在古籍数字化过程中没有坚持保真原则，生成的古籍内容文本格式中常存在替换或合并字体的现象，例如"于"与"於"、"并"与"並"被合并，这表面上方便了读者，却造成有价值的古籍文本信息丢失，因为不同字体的应用，对研究某一时期的文字、语言有重要作用。此外，对古籍图像资源的数字化程度更是浅层次化。比如中国国家图书馆的"前尘旧影"古籍专题库，有丰富的非文本格式古籍资源，这些古籍图像资源不仅有助于人们回顾历史，更展示出不同历史阶段、不同社会背景下的建筑、人物、风俗和事件等重要知识。但是，该古籍图像资源库仅对古籍图像进行简单的扫描处理，没有把文献学家对图像的解读和注释同时数字化，缺少具体文本内容的说明，一般读者很难了解到不同历史时期特定事物的形象特征和内容价值。

（四）数据库界面和功能设置不完善

数字化古籍主要以数据库形式存储，通过古籍数据库这一媒介，将隐含于数字化古籍中尚未被人们认知的知识片段，以最方便快捷的方式传递给使用者，实现数字化古籍知识传递和知识服务的目的。古籍数据库界面和功能设置的完善程度，是能否实现这一目的的关键。

通过考察可以发现，很多古籍数据库存在检索功能不完善、浏览界面单一化、导航分类功能过于简化、不能提供免费下载等问题。例如：无法精确快速地检索到以"面""卷"为标题的特殊古籍文本；检索时要输入繁体字，否则检索不到记录。此外，由于文献开放共享理念的欠缺，中国很多古籍数据库未完全实现开放性地提供数字化古籍资源。比如，瀚堂典藏数据库，可根据标题、全文、书目、出处进行搜索，但是不能进行全文下载，只能利用截图的功能保存个别页面。中国国家图书馆古籍资源库中的数字化资源十分丰富，设置有简单检索和高级检索功能，但读者不能直接读取数字化古籍文本，需要烦琐的注册步骤，使读者体验效果不佳。而日本、欧美有开放的文献共享理念和成熟的非营利机构支持，像日本东洋文化研究所所藏汉籍善本全文影像资料库，无须注册登录，可直接在线浏览各种数字化古籍资源，也可免费下载保存，格式是通用的 PDF。古籍数据库是数字化环境下古籍知识传递和共享的重要途径，如果界面和功能设置不完善，会导致读者使用数据库兴趣的降低，更不利于对数字化古籍进行知识管理。

第三节　古籍数字化知识管理的可行性分析

一、数字化古籍内容的知识管理实践

提高数字化古籍的知识价值，必须借鉴古籍整理的一些方法。目前数字化古籍可以借鉴的古籍整理方法主要有：一些以利用为主要目的的数字化古籍应选定优良底本；附加关于该古籍、尤其是该古籍的该版本的研究资料，包括评价、记载、版本流传、辨伪、批注、序跋等；编制有关索引，以便检索利用。

余嘉锡《世说新语笺疏》可谓是古籍整理的"大师杰作"。该书对《世说新语》原作和刘孝标注所涉及的人物事迹，考核其异同，增补其不备，评

论其乖谬，考案其史实，对《晋书》多所驳正。当然，这些笺疏内容不应该被数字化古籍利用，因为《世说新语笺疏》不是古籍，而把这些笺疏内容施加于古籍之中，又改变了古籍文本的性质。但是，《世说新语笺疏》还做了三项工作：①附录《世说新语》原序跋，以资参考。②编制各种索引。由于《世说新语》及刘孝标注涉及人物有1500余人且名号、称谓不一，刘孝标注征引用典籍400余种，因此该书编制了《世说新语》常见人名异称表、《世说新语》人名索引和《世说新语》引书索引共3种索引，便于读者检索书中的人名、书名。③介绍《世说新语》版本源流、存世版本。这些附加内容，对于扩大有关《世说新语》的知识，增加《世说新语笺疏》的利用价值，都具有很大的作用。今后对数字化古籍的开发应该借鉴这些方法。

此外，有中医药古代文献知识库采取解析标注的方法实现了中医药古代文献的知识挖掘。该数据库已收录了150种本草类古籍，本草类古籍种类繁多，本草的颜色、形状、功能等也存在较大差异。同样，已收录的中医数字化古籍蕴含着大量的显性知识和隐性知识。因此，该数据库在收录中医古籍全文的基础上，把古籍文本的内容结构重新组织编排，将其所包含的概念内容和知识片段分解成若干知识元，以知识元为单位。各领域文献专家借助于已有认知和自身经验，对古籍文献中所有的知识进行理解和标注，使文献中的显性知识和隐性知识实现密切关联，通过这种关联形成一个知识网络。其特点是部分实现了自然语言查询，专家对文献的深度加工回避了计算机对自然语言的理解。这为后期的用户查询提供了极大便利，用户能同时进行初级检索、高级检索和语义检索，从而实现知识的有效查询。

二、古籍数字化知识管理的技术支持

数字化古籍在形式上与传统古籍文献不同，但其内容同样涵盖历史、考古、文艺等领域的重要知识，是古籍数字化知识管理的重要资源基础。古籍数字化知识管理是古籍数字化由简单的古籍文献信息组织、信息检索，到对海量数字化古籍知识进行深度挖掘和分析的转变，也是古籍数字化工作进一步深化和取得实质性进展的具体表现。从其实现手段来看，它需要依靠多种信息技术的支撑才能逐步得以实现。

（一）文本挖掘技术

文本挖掘也称为文本数据库中的知识发现，是数据挖掘领域的一个新兴分支，较多运用在知识管理过程中。文本挖掘技术是从大量文本的集合或语料库中抽取事先未知的、可理解的、有潜在实用价值的模式和知识的技术。当前，数字化古籍的数量可观，但质量有待进一步提高。古籍的传统研究主体是不同的研究人员，古籍的文本解读依赖于研究者的知识积累，这对研究者的知识构成要求较高，但这从某种程度上来说过于迷信权威和第一手文献。因此，在古籍数字化的成果基础上，未来的数字化古籍开发应该重视对文本的深度分析。数字化古籍和传统纸质版古籍依附于截然不同的载体，从技术层面来讲，应该充分考虑数字化古籍的特点，利用信息技术对数字化古籍进行文本分析。

古籍作品通常需要做深层次的研究，一方面，文本挖掘技术可以从微观层面对数字化古籍作品进行人物关系、章节内容、情感关系分析。在一些研究过程中，有些古籍文献的准确出处仍无法确定，如关汉卿作散曲、杂剧篇目的确定，庄子是否是《庄子》内外篇的作者等疑问至今无法得到公认的说法。对此，在借鉴已有的相关研究成果的基础上，利用文本挖掘对数字化古籍文本进行语词分析、风格倾向分析和情感分析，同时借助于语料库的建立，能为以后的研究工作提供新的途径。另一方面，文本挖掘技术可以从宏观层面对数字化古籍进行整体分析。例如，对于篇幅宏大、人物关系复杂的史籍类古籍，仅靠读者个人学识能力，难以从中获取系统的知识体系，而借助于文本挖掘技术，读者可以统计同类史籍作品，选择多个要素作为基本单元，然后通过比勘分析还原更准确的历史真相，并借助于文本分析，揭示、厘清历史人物之间错综复杂的关系，从而整体把握整个时代、所有风格流派等内容。

（二）关联数据技术

目前，数字化古籍网站和古籍数据库大多仅提供网页或各知识库之间的超链接，未能在数字化古籍知识点的层面上实现有效的知识关联。"关联数据"描述的是片段数据、信息和知识进行揭示、分享和关联的实践活动。通过关联数据技术对数字化古籍中的知识点、关系进行关联主要有两种方式。一是对现有的HTML等形式的数据进行语义关系的标注，生成语义关联知识数据。二是从数字化古籍中抽取知识数据，在数据间构建语义关联，使之通过机器可读的形式呈现数据间的联系，再利用分离式标注方式，自动将数据化的知识点处理成计算机可理解的以资源描述框架（resource description framework, RDF）三元组表示的关联数据。该方式能满足海量数字化古籍知识关联的需求。

此外，在古籍数字化知识管理过程中，在各个统计知识库基础上，运用关联数据技术将相关数据或知识进行资源标识，加强各知识库间的密切联系，可以帮助研究者通过科学的方法和途径，对统计结果进行参照、对比，以获得更大的思考和研究空间。比如，研究古代某个作者的全面著作信息，就可以选择该作者各时期撰写作品数量、作品用词用语变化和整个时代同类文献数量、语言变化三个指标，把该作者一生的游历地点与这三个指标的统计相结合。再根据关联度计算建立词汇和领域概念、属性和约束类别之间的映射关系，就能够对该作者的作品产生背景、时代地位和社会环境所带来的影响等内容有一个全方位的、立体的认知。可见，运用关联数据技术对数字化古籍的处理，以往不能关联的数据现在得以关联，这不仅有利于促进计算机水平的提高，也有利于减少用户古籍知识查询时所产生的疑惑，从而在浩繁的知识库中快速获取需要的知识。

（三）语义标注技术

利用语义标注技术将数字化古籍知识进行可视化表示，是知识管理领域相对较新的研究方向。语义标注是根据领域本体为领域中的信息及其各组成部分标注所属类别的过程。本体机制的实质就是使用形式化语言对领域知识进行形式化定义，使得"机器能够理解和处理"，从而达到充分揭示知识语义的目的。语义标注技术有自动语义标注和人工语义标注两种方式。自动语义标注以自然语言处理技术为主导，通过自动抽取、知识采集等方式获取数字化古籍文本中的词汇、语句，并进行词汇语义分析，以 OWL 等形式化语言进行具体描述，最后利用自动语义标注技术进行标注，形成相应的知识库。人工语义标注以各领域专家为主导，借助一定的工具并结合自身经验，对数字化古籍信息的各组成部分进行分析、揭示，添加类别标签。无论是人工标注还是机器自动标注，都可以使用一定的语义标注工具加以辅助，常用的有SMORE、OntoMat-Annotiser、SHOE、Briefing-Annoti-zer、GATE 等。

这两种语义标注技术各有优缺点。自动语义标注技术虽然能够处理海量的数字化古籍知识表示，但其目前的应用有限于一定的数字化古籍资源类型和应用领域，必要时需要人工干预；人工语义标注的准确率较高，但该方式适合少量数字化古籍的语义标注工作。例如，数字化形式的全唐诗有数以万计的诗篇，按照内容、风格类型及主题进行分类，同时利用自动语义标注和人工语义标注，将每一首诗的作者生平、后世传记、评价等内容统一标注，为读者展现一个巨大的知识网络，读者便可以获得关于每一首诗的所有知识。总的来说，语义标注是知识组织模块的重要工作环节。重视语义标注技术在古籍数字化知识管理过程中的运用。一方面，能够获得与数字化古籍相关的更丰富的知识，使数字化古籍知识库得以扩充；另一方面，能够提高数字化古籍语义关系的提取和表达水平，提高知识查询的检准率、检全率和知识服务的效益和效率。

三、古籍数字化知识管理的成功案例分析

本案例选自《基于本体的历史年代知识元在古籍数字化中的应用——以〈三国志〉历史年代知识元的抽取、存储和标识为例》。该案例从历史年代知识元的角度出发，以《三国志》为例，抽取其中所有的历史年代知识元，通过历史年代本体建立的语义关联来聚集相关历史年代知识元，达到聚集同一或相关史实的目的。该案例的成功应用有着重要意义，一方面，将《三国志》中散见于不同篇、卷的历史年代知识元有机地关联起来，使用者能通过检索查询快速地获取《三国志》中所有相关的史实。另一方面，实现了信息增值，

对今后类似的古籍知识抽取有较大的借鉴作用，为实现古籍数字化的知识发现功能指出了方向。

该案例选择历史年代知识元的依据是它由历史年代标引和历史事件或史实构成，是史书中最小的知识单元，结构完整，逻辑性强，在建立关系链接时便于控制，最重要的是可以通过已有的知识描述或表达方式来表达，能轻易地判定出与其他知识元之间存在的语义联系，并进行链接。该案例的整体思路和过程：第一，建立历史年代本体，根据历史年代提取史实，将年号作为一个类别，采用统一建模语言（unified modeling language, UML）表示年号、皇帝和国别类图和对象图，同时厘清这些元素在《三国志》中与历史年代相关的所有概念及其关系，依照 RDF/OWL 的语法规则和三国时期历史年表，建立三国时期历史年代本体。第二，全面分析《三国志》书中年号纪年及不同的时间表达方式，保证全面性和准确性，完成历史年代知识元的抽取和储存。第三，在分析历史年代知识元中年号纪年及时间表示的特征后，解析出相关的历史年代及时间的对应部分。这个过程分为六个步骤，即打开提取历史年代知识元的文件、从文件中读取一定数量的字节流进缓冲区、切分句子、句内切分、以特征字符为依据对各分句进行匹配检测、提取历史年代知识元并解析表征时间的各组成部分。第四，利用 RDF 数据模型描述历史年代知识元。RDF 是一个描述和交换元数据的框架，是 W3C 推荐的一种元数据表示方式，也是语义网络的一种基本形式。由于时间和历史事件存在着"发生"的联系，同一个时间发生一个或多个历史事件，同一个历史时间表达方式被用在不同的时间段等现象，时间和历史事件之间存在着某种映射。比如，蜀汉后主刘禅和吴会稽王孙亮都采用过建兴年号，如不加以区别则会导致误解史实。因此，在历史时期本体中将其分别标识为"蜀建兴"和"吴建兴"进行区别，所以该案例采用 RDF 模型来表示时间和历史事件的语义联系。第五，三国时期的年号纪年的本体建立完成，运用历史年代知识元抽取程序从《三国志》中抽取历史年代知识元，建立三国时期历史年代知识元库，利用 RDF 数据模型描述库中的历史年代知识元，编写一个简单的历史年代知识元应用程序。将编写的历史年代知识元程序应用到相应的网络服务，就可以通过输入某个历史年代关键词，检索出所有与之相关的历史年代知识元。

如在检索框中输入关键词"黄初四年"，点击解析本体按钮，国别对应的是魏，皇帝对应的是文帝曹丕，相同的年代对应的是 223 年、章武三年、蜀建兴元年、黄武二年。在上一步的检索结果基础上，点击左下方的检索知识元按钮，列表中不仅显示出"黄初四年"的历史年代知识元，三国时期与之相同的年代但表达方式不同的章武三年、蜀建兴元年、黄武二年的历史年代知识元也被检索出来。

第四节　古籍数字化知识管理模型与措施

一、古籍数字化知识管理模型

（一）模型简介

通过前文对古籍数字化知识管理认知的分析，结合知识管理模型及对相关研究应用理论的梳理，简单提出了古籍数字化知识管理模型。整个模型以数字化古籍为基础资源，按照知识管理的一般思路，将古籍数字化知识管理分为四个模块，分别是知识发现、知识组织与创新、知识传递与服务和知识共享。

首先，对数字化古籍进行预处理，充分揭示数字化古籍自身的信息，再采用机器学习发现数字化古籍的具体知识。或者采用人工抽取的方式自动或手动地从中发现数字化古籍蕴含的知识，将隐性知识显性化、具体知识抽象化，为知识描述、语义标注、构建知识库打下基础，以获得新的知识作为原数字化古籍的丰富和扩充。其次，对不同的数字化古籍知识进行知识组织和创新，利用人的智慧和关联数据、主题图、语义网等技术，把所采集的知识连接成一个巨大的网络知识地图。将古籍知识以更立体的、系统的知识地图方式展现给用户，实现基于语义检索的知识检索服务，以及基于知识推理的有效组织和创新。在此基础上，通过各种网络平台实现知识的可视化，进行网络传播和知识应用，以多样化的检索功能提供高质量的知识服务，最终实现数字化古籍的知识共享。

（二）古籍数字化知识管理具体过程

古籍数字化知识管理的实质过程包括数字化古籍知识发现、知识组织与创新、知识传递与服务和知识共享四个过程。

1.数字化古籍知识发现过程

数字化古籍知识发现这一过程主要揭示古籍知识来源的方式和特点。在数字化环境下，以数字化古籍为基础，其知识来源方式主要有三个：一是原有的数字化古籍。传统古籍主要以纸质版形式来完成信息存储和传递，内容大多以文本图文形式呈现，包括金石拓片、碑文、壁画等。随着计算机信息处理技术和信息资源数字化的快速发展，古籍数字化进程不断加快，古籍资源的交流和传递方式也发生了较大改变，网络化方式越来越成为主流。原来的纸质文献信息逐渐转化为网络化数据，其存在形式也是多种多样，主要属于半结构化网页、结构化数据库、非结构化文本等形式，这些网络化数据资源是数字化古籍知识发现的主要来源。虽然古籍载体发生了变化，但古籍所包含的内容是不变的，数字化古籍是数字化环境下知识的重要来源。二是文献专家的经验和智慧。知识是具有思维能力的人充分发挥主观能动性后对客观存在的思考，最初形成于人脑，后为了方便交流和传递才以文献的方式进行记录。现存古籍是中华民族宝贵的知识财富，但我国历经战乱、变革和自然灾害，很多古籍知识也随之覆灭，即使是保存完整的古籍，很多也具有微言大义的特点。因此，各学科领域专家对数字化古籍的解读是获取古籍知识的重要来源。三是隐性知识。我国现存的古籍是古人智慧的结晶，每一部古籍，都具有丰富的隐性知识，这些古籍记录了古代政治、经济、文化、军事、宗教等各领域的详细材料，对研究我国古代的科学文化发展、民俗风貌等内容有着极大的作用。

不同的数字化古籍知识来源，其文件格式、信息形式和存储载体都存在差异。为便于后期的信息处理和加工，需要根据不同知识来源的特点，采取一些手段进行预处理，按照统一的标准转化。最后，将经过预处理的领域内部和外部信息集中起来，在领域专家的参与下，采用人工抽取或机器学习的方式，从中采集知识。

2. 数字化古籍知识组织与创新过程

数字化古籍知识组织与创新主要是通过技术和人工的双向结合实现的，描述复杂的知识的语义、充分表达知识间关联，将采集获得的知识以一定形式组织成知识库。整个过程是实现知识积累和知识服务的重要前提，更是古籍数字化知识管理的关键。其中，知识组织的方式多采用分类法、主题法、元数据等信息组织方法，这些方法虽然能在一定程度上描述词汇间的关系，但是不能实现复杂的知识间语义关联的描述。因此，基于信息组织方式的知识结构要符合组织方法揭示信息的特点，同时也要对组织方式进行进一步调整和改善，使之能描述更复杂的语义关联。数字化古籍知识创新是一种创造知识、形成新知识的活动。这种创新主要有两种方式：一是深度挖掘和发现数字化古籍潜在及隐藏的知识，在原有数字化古籍的基础上，采用数据挖掘、机器学习和人工抽取、比较分析和逻辑推理等手段，实现知识的显性化。二是基于人的智慧和外部知识影响和作用的知识创新。这种知识可以是存在于人头脑中的经验和感觉，也可以源自其他的知识本体。例如，在原数字化古籍知识的基础上，通过文献专家的解读分析和各种计算机技术的共同协作，在现当代文学、哲学、医学等领域知识的影响和作用下，能够产生一系列新的知识。

数字化古籍知识组织和创新不仅是增强原数字化古籍知识成熟度的重要途径，也是实现古籍数字化知识管理的重要标志。其实质就是通过各种计算机技术和人工智慧充分揭示和描述所发现的知识，使"机器能够理解和处理"，并以可视化的方式展现给广大读者。在整个过程中，需要强有力的技术支撑，如关联数据、主题图和语义网等技术，这些在古籍数字化知识管理的技术支持部分已详细介绍。

3. 数字化古籍知识传递与服务过程

数字化古籍知识传递与服务是古籍数字化知识管理的又一重要过程。要想实现数字化古籍中蕴含知识的传递与服务，必须有良好的知识展示方式和知识获取途径，知识地图和知识检索则能促进这一目标的实现。知识地图是由英国情报学家B. C. 布鲁克斯（B. C. Brooks）提出的一种理论思想，他认为可以将学科领域中的各知识单元根据其固有联系联结成学科认识地图。领域中的潜在和隐含知识难以获取，并非直接存储在本体中，而是通过对本体中的知识进行推理和挖掘来发现的。随着可视化技术的发展和成熟，知识地图能够实现对知识推理、挖掘过程和结果的可视化描述，并成为可视化技术展示知识的一种重要手段，应用于知识服务领域。同时，知识地图能实现知识间导航，在知识联系的基础上，提供一种知识浏览的渐进式引导服务，使用户获得对知识的全方位浏览。

知识检索就是将信息资源进行预处理，使之转化为知识资源，并将其按照一定的方式组织和存储起来，然后按照用户需求，利用现代信息检索技术对知识资源进行有效查找的方式和过程。从传统的检索模式上讲，通常的检索结果为领域的某一知识点，检索结果较单一，延伸空间小。然而，用户更乐于看到该知识点的相关知识，如检索某个古代画家，会出现与其相似的画家、作品、派别、经历等，即描绘出检索结果的上下文知识地图。以知识地图的可视化方式展示知识点及其相关信息是提高信息服务水平的一种可操作途径。因此，知识检索应作为数字化知识管理过程中的一种知识应用方式，以改善检索服务质量，提高用户的知识体验水平，使用户能够更准确、全面、快捷地获得所需知识，达到知识检索服务的层次。

4. 数字化古籍知识共享

古籍数字化知识管理的最终目的是要将被重新组织和创新的知识在各领域实现共享和应用。公共图书馆应发挥联合优势，建设实力强大的古籍工作者队伍，与计算机专业人员团结协作。特色的古籍数据库和地方文献数据库也应加大建设力度，使数字化古籍知识能够在更广的范围内实现资源共享。同时，数字化古籍的开发要与国际古籍数字化项目合作，依靠发达的网络技术，将数字化古籍成果向世界传播，为国际互联网用户所共享。

二、古籍数字化知识管理的措施

（一）转变知识管理方式

古籍数字化的目的不仅在于全面展现古籍的书目、图像、版本等显性信息，更在于实现隐性知识的可视化、显性化、扩展化，通过各种方式对古籍知识进行深度挖掘，提取潜藏的有用知识。未来的古籍数字化方式应向知识管理方式转变，形成以知识为中心、围绕知识的投入—知识的转化—知识的创新的无限循环过程。这种知识管理模式的可行性在于，该过程中所产生的知识链而引致的价值链，能够使数字化古籍的生产者和使用者共同受益。在基于知识的四种流向中，古籍数字化知识管理较符合第一种知识流向，即知识的采集与加工—知识的存储与积累—知识的传播与共享—知识的使用与创新。这是一个循序渐进的过程，几个环节之间相互联系，技术与人力在整个过程中同时发挥着重要作用。为了使古籍数字化方式向知识管理方向更好地转变，可以采取如下主要措施：重视文献学家的专业知识和经验；鼓励古籍爱好者和研究者对数字化古籍知识的开发和创新，激发读者发现新知识的创造力；促进教学和研究机构、图书馆和商业性机构之间的协作；成立一个整体规划和协调的组织以推动知识管理项目的进行。

（二）重视文献学家在知识管理中的主体地位

数字化古籍的核心是内容，技术要为内容服务。在古籍数字化知识管理的过程中，不应把技术放在主导地位，而应重视相关课题领域的文献学家在发现、创新古籍知识过程中的主体地位。文献学家应全方位地把握古籍内容所表达的思想，从古籍内容中分解出有价值的知识片段，按照一定的规则重新整序，发现存在于这些知识点中的各种内在关联，在原有文义的基础上发现第二甚至第三重含义，通过分析得到新知识及知识的新解释。比如一些哲学著作，包含着深邃的道理或义理，需要通过注释加以揭示，发掘其"微言大义"。《论语·学而》："子曰：学而时习之，不亦说乎？有朋自远方来，不亦乐乎？人不知而不愠，不亦君子乎？"这三句话字面上并不难懂，但其中的含义是什么？三句之间有何联系？何谓"学"，何谓"时习"，"说（悦）"和"乐"的原因是什么，只要人不知而不愠就能称为君子吗？从朱熹《论语集注》可看出，朱、程、谢、尹各家的理解都不尽相同。可见，单凭原内容的数字化古籍文本，读者无法直接接触到先贤的真正智慧，而文献学家有丰富的知识和经验，他们对文本不只做字句的训释，对文本隐含的"大义"的阐释，更符合古人的原意。把文献学家的阐释与古籍原作同步数字化，建立某种语义关联，能更好地帮助读者理解古籍要义。

此外，把古籍的书目解题与原版本古籍内容同步数字化，使读者从书目解题中直接获得古籍的作者生平、版本和主题等基本信息，从已有的评价和考证内容中，了解该版本古籍对学术研究的价值。还可以把文献学家对古籍内容所做的鉴赏评介、批注题跋与其相对的古籍版本同步数字化，有助于增强读者对古籍知识和价值的认识程度。《铁琴铜剑楼藏书题跋集录》卷二《嘉禾志》三十二卷（旧抄本）收录一则题跋："夏初，湖估以至元《嘉禾志》来，核以此本，行款悉同，剜缺亦无异，惟句中用墨笔补字甚多。又别有一本作某，签于上方，颇为赅备，因悉录之。书中红笔皆是，但不知所据何本，何人所为耳。今其书为李升兰所得，匆匆或有脱遗，他日再假校一过，斯称善本矣。咸丰己未中秋上溝，文村王振声识于恬裕斋。"该题跋记载了王振声对该版本《嘉禾志》校勘的内容、经过和依据的版本。将题跋与所指版本《嘉禾志》同步数字化，在分离的内容片段之间建立链接，在保持原古籍内容特点的基础上，可以丰富古籍的知识内涵，增强原古籍内容的易理解性，同时使古籍知识更加系统化，为读者提供珍贵又可信的资料，帮助读者从多个角度深入了解古籍文本。

（三）增加数字化古籍的知识密度

一部古籍同时包含显性知识和隐性知识，有较高的知识密度。研究者将知识密度的概念界定为机构对知识资源获取、积累与运用的强弱程度。数字化古籍的知识密度可看作每部古籍内容单元所包含潜在的知识量的多少。知识密度的高低能反映出对数字化古籍开发程度的深浅，同时能够衡量古籍知识获取的效率和知识发挥的效用。因此，对数字化古籍的开发，不能走以经济利益为目的的商业化运作模式，或者只着眼于以数字化技术为中心。古籍作为文献的一种类型，与其他文献相比有特殊之处。数字化时应根据古籍的特点来进行，既要坚持保真原则，又要专注于古籍的内容特征，充分揭示古籍的每一个知识单元，从整体上增加每一部数字化古籍的知识密度，从而强化对数字化古籍知识的获取和运用。增加数字化古籍的知识密度的方式主要有两个，一是充分揭示数字化古籍原有的文本内涵，二是补充经研究取得的知识成果。

1. 充分揭示数字化古籍的内涵

每一本古籍都包含着多方面的信息，数字化形式的古籍资源也不例外，传统的古籍整理者较多地关注古籍的文献价值，而忽视了古籍真正的内涵。就敦煌遗书而言，方广锠主持开发的"敦煌遗书数据库"全面采集敦煌遗书中文物、文献、文字三个方面的研究信息，努力将这些信息组合起来，全面研究敦煌遗书，更好地发掘与体现敦煌遗书的内在价值，已经取得一定的成果，目前正在进一步完善系统。这对未来数字化敦煌遗书的研究和整理工作有着重要意义。数字化古籍作为一种特殊的数字资源，对其知识内涵的揭示，要以全新的视角来看待。古籍具有很大的史料价值，处理后的数字化古籍要在保持原有文化特征和内涵的基础上，全面考虑古籍和数字技术的特点，将计算机信息技术与古籍文献充分融合，在融合的基础上进行知识内涵发掘。此外，计算机数字化技术具有强大的信息分析、聚类和海量信息处理的能力，甚至能够处理人工不能完成的工作，但数字化古籍知识内涵的挖掘是一个复杂、难度高的过程，而非知识的简单拼凑或叠加。因此，信息处理技术不是万能的，在数字技术及信息处理技术对文本和信息处理的过程中，要遵循其中的特质和规律。总的来说，古籍数字化已经基本实现从单种古籍内容的信息处理到海量古籍文献的综合处理。今后的古籍数字化发展方向应该是从古籍影像的数字再现到充分发掘数字化古籍的内涵，从简单的文本转换到信息重组和知识挖掘，这也是古籍数字化进程的提高和升华，古籍数字化知识管理的要求。

2. 补充已有知识成果

古籍数字化知识管理不仅是技术条件下的古籍整理方式的一种尝试，更在于它是一项跨越在众多学科领域上的系统工程。其数字化古籍资源融入了多学科的研究成果和方法，将这些研究成果与数字化古籍建立关联，能充分诠释传统古籍与人类社会文化之间的交互关系。例如，对于不能以文本格式展现的古籍内容，比如金石拓片、谱牒舆图等数字化图像，可直接建立与图像内容相联系的超文本链接，附加学术界的相关研究成果。在数字化古籍图像版和文本版之间建立某种内在联系的方式，实现文本或图像的独立显示及两者之间的灵活切换，利用者能够高效率地定位到所需要的内容，以参照、对比不同文本。这些研究成果也可以被独立开发为专门的知识库，专门收录所有有价值的文本内容分析，与典籍挂接，使用者不仅可阅览由数码扫描制成的文献高清晰图像，还可从与之相连的各类数据库中获取文献的深层内涵，更好地理解古籍内容。数字化古籍由文本转换到知识挖掘和知识重组，将是今后古籍数字化重要的研究方向。

（四）优化古籍数据库界面和功能设置

1. 增强界面的友好性

一方面，古籍数据库检索功能和浏览界面的设置，应遵循以人为本的原则。高级检索功能的设置，应符合读者的检索习惯，以方便、快捷为准则，并辅以必要、实用的使用说明，为读者减轻使用负担。鉴于不同读者的阅读习惯不同，数字化古籍的阅读界面可以有针对性地设置成横排或竖排的版式。同时，对于具有多种版本类型的数字化古籍，能够进行图文版的对照阅读；浏览界面也可以采取多级显示，如目录、正文和注释。另一方面，古籍数据库的建设应遵循文献开放共享的理念，致力于开放式分享、介绍、推荐有价值的古籍，自由开放性地为读者提供知识源，免费为读者提供百度云、快传、Skydrive 和 P2P 链接等多种下载方式。

2. 功能的多元化

数字化古籍网站和古籍数据库的建设应该注重使用功能的多元化。例如：

在浏览数字化古籍文本时，可以对文本内容加圈加点，甚至可以同时进行中文、英文等多种语言批注；可以实现文字繁简的自由转换、文字色彩和粗细的调整；可按照页码上下翻页，也可以直接点击目录框进行跳选，转至所要到达的卷或篇。此外，还可以在数字化古籍文本的界面设置转载、评论等多种功能，结合数字化条件下古籍整理的校本知识，保留正确或错误的校勘记录和批注，供读者参考、评论以交流意见。构建检索方便、基于各种专门知识的古籍全文数据库，开发个性化信息检索，基于超文本链接阅读环境进行双击作者，便可以检索到该作者的所有著作；对之前查阅过的信息进行自动收藏或分类等智能辅助支持功能，实现数字化多功能知识服务。

第八章　增强现实技术在古籍资料数字交互展示中的应用

第一节　增强现实技术在古籍资料数字交互展示中的优势分析

一、增强现实技术概念

（一）什么是增强现实

增强现实（augmented reality, AR）技术，也被称作扩增实境。该技术多使用多媒体技术、三维建模技术、实时视频显示与控制技术、多传感器融合技术、实时跟踪与配准技术、场景融合技术等新技术和新手段能够将真实世界信息和虚拟世界的信息"透明叠加"。例如，在实际生活空间中，无法同时体验到的视觉信息、声音、味道、触摸等，通过计算机技术，三维模拟和叠加，使虚拟的信息无缝衔接到真实世界，使这些信息同时叠加在同一个物体或空间中。通过人的感官感知、人机交互形式等，达到超越现实的感官体验。

（二）增强现实发展进程

20 世纪 70 年代早期，《Pong》这款游戏进入电子游戏厅以来，增强现实显示器的出现进一步模糊了真实世界与计算机所生成的虚拟世界之间的界线。直到 20 世纪 90 年代初期，波音公司提出了增强现实这个名词。现在，增强现实应用系统已经不断深入生活各个方面，如医疗、教育、娱乐等。

在 20 世纪 90 年代末，国际混合与增强现实会议（ISMAR）这样与增强现实相关的国际研讨会的出现，使得这个领域的研究者们聚在一起，不断地探讨研究增强现实的应用与发展。同样，随着技术的进步，相关设备的智能化、平价化，人们对增强现实系统的研究兴趣明显增加。例如，微软公司于2015年推出的HoloLens全息眼镜，一经推出，在游戏领域内可以说是爆火的程度，同时也让更多的人接触了解到增强现实。

现在关于增强现实技术在生活领域中的应用发展主要分为下面三种技术形式。

1. 一般增强现实技术

一般增强现实技术相较于其他的技术模式，无论是使用方式，还是增强呈现的虚拟信息，都是最为基础、简单的。其只需要使用者通过增强现实设备，通过摄像头对物体、空间的采集信息，在真实空间上为使用者呈现三维真实环境，让使用者有一种身临其境的感觉。一般增强现实技术主要在系统建立时建立三维模型，通过真实环境数据信息指令发出，反馈相应的虚拟信息。由于此技术的易操作性，以及对设备要求较低，目前在数字化文化遗产保护和教育等领域已有成功应用案例。例如，"数字圆明园增强现实系统"就是AR在数字文化遗产保护领域应用的典型成功案例。

国外利用一般增强现实技术开发了导游软件。例如：游客来到科洛西姆竞技场，只需用手机摄像头对准眼前古迹或废墟，通过手机里的AR系统对空间位置的定位及图像识别，游客就会在手机上看到三维的、立体的关于这处残缺古建遗址在全盛时期样貌的虚拟重构，而它的实时定位及视觉跟踪捕捉技术可以伴随着游客走动、视觉移动，手机上的画面还能自动变化。

2. 动态增强现实技术

动态增强现实技术则是在一般增强现实技术的基础功能上，根据使用者的需求，实时进行动态追踪并及时反馈信息，完成交互指令来进行增强现实环叠加。比如，在医疗领域中，头戴式增强现实设备通过医生的视觉视线捕捉到患者信息，在他的视线中就会获得心跳、血氧和所有患者的参数等信息，这些图像能够与来自CT、MRI或3DUS扫描的患者医学图像合并。另外，该设备将能够看到在手术之前和手术期间获得的所有医疗信息，完全符合患者的解剖结构，并向外科医生提供虚拟X射线视图，以精确地引导手术，大大缩短手术时间。

3. 媒体融合增强现实技术

媒体融合增强现实技术相比于一般增强现实技术、动态增强现实技术，不仅可以显示三维及动态虚拟信息，在拍摄实景时，还可以是动态的目标。比如，在节目直播或电视放送中会出现突发事件，传统的是采用录播或暂停直播的方式，而媒体融合增强现实技术是通过视频目标跟踪和实时融合功能，就可以实时目标替换，继续直播过程，这比录播更具有真实性。

（三）增强现实系统

增强现实要努力实现的不仅是将虚拟信息实时添加到真实的环境中，而且还要更改这些三维建模、影像等信息的数据以适应用户的头部及眼睛的转动，以使图像始终在用户视角范围内。

增强现实系统大部分由摄像机、显示器、反光镜等硬件和软件系统组成。常用的增强现实软件系统有：Monitor-Based、光学透视式、视频透视式三种形式。

1.Monitor-Based

在基于计算机显示器的 AR 实现方案中，摄像机摄取的真实世界图像输入到计算机中，与计算机图形系统产生的虚拟景象合成，并输出到屏幕显示器。用户从屏幕上看到最终的增强场景图片。它虽然简单，但不能带给用户多少沉浸感。

2. 光学透视式

头盔显示器（helmet mounted display, HMD）被广泛应用于虚拟现实系统中，用以增强用户的视觉沉浸感。增强现实技术的研究者们也采用了类似的显示技术，这就是在 AR 中广泛应用的穿透式 HMD。根据具体实现原理又划分为两大类，分别是基于光学原理的穿透式 HMD 和基于视频合成技术的穿透式 HMD。

3. 视频透视式

视频透视式增强现实系统采用的是基于视频合成技术的穿透式 HMD。

二、增强现实技术优势

（一）虚拟空间与现实空间的"透明"叠加

增强现实技术，顾名思义在实际现实场景上，通过带有增强现实系统的设备对真实场景的实时拍摄，使虚拟信息"增加"在实景上，显示在显示设备屏幕上。增强现实系统包含多种技术与手段，通过多媒体技术与实时显示技术，在启动设备时，使用摄像机或摄像头进行拍摄，并实时显示出场景，这时显示在屏幕上的虚拟信息根据整个系统设置的不同会有所不同，可能是三维模型或者动态信息，也有可能是调用后台数据信息中提前拍摄的视频、音频、文字、图片等不同的附加信息。增强现实系统将真实世界的信息和虚拟世界的信息"透明叠加"，通过人的感官感知、人机交互形式等，达到超越现实的感官体验。

1. 在古建遗址修复上的应用

"圆明园增强现实系统"是增强现实技术在古建遗址成功的典型案例。1860年，圆明园毁于第二次鸦片战争，如今的圆明园只是一个遗址公园，无论是在资料还是在文献上，都可以了解到过去的辉煌，可现实中却只能看见残缺的历史遗迹。所以，通过增强现实技术、计算机三维建模，将昔日的盛世景象"透明"叠加在遗址建筑上，虚拟场景与现实场景的鲜明对比，让人印象深刻，也会激发人的历史情怀。但是由于经费限制，此技术目前仅限于遗迹较多的西洋楼大水法景区。增强现实系统的体验形式大致可分为定点观察式、手持移动设备和 VR 眼镜配戴等。定点观察式是指 AR 系统在固定的地理位置上为体验者提供现场实时立体增强效果；手持移动设备是指体验者使用装有 AR 系统的智能手机等设备，根据导视在一定移动范围内自由移动体验增强效果；VR 眼镜配戴式系统的用户需佩戴头盔显示器，穿戴移动计算系统来体验。

2. 在旅行导游系统上的应用

电子导游系统是代替人工导游的全智能化信息系统。由于旅游行业越来越火爆，过多的游客与数量有限的人力导游导致供需不平衡，随之而来的也有游客旅游路线的"众口难调"、导游对于景点路线等相关情况了解有限等问题。电子自助导游系统的出现完美解决了这一问题，它代替了人力导游的传统方式，帮助游客完成自助游。随着技术的不断升级，增强现实的出现，二者的融合，通过计算机、无线网、智能手机、定位等技术，再加上 AR 将虚拟信息与现实信息"透明"叠加的优势，可以使游客通过手机摄像头的拍摄，便能得到相应景点、事物的相关信息的推送。这样不仅使游客简单操作便能熟知景点信息，还能通过全新的交互形式带来新的乐趣，获得最佳旅行方式推送，使旅行变得简单又有趣。

3. 在教育教学中的应用

随着增强现实技术的不断发展，教育学者开始尝试将增强现实技术运用到教育领域，辅助课堂教学和教育游戏的形式。

例如，通过手机或者平板的镜头对书籍中的图片知识进行扫描拍摄，那么在智能设备的显示屏幕上就会出现相关知识图片内容的立体结构图，将知识点视觉信息化、空间形象化地展现出来，这样不仅提高学习者兴趣，还提高学习效率。

可见，将增强现实技术与教育领域相结合，不仅可以将知识内容视觉形象化，还可以摆脱空间维度，在虚拟的空间实验、学习。增强现实技术为教育方面应用带来了全新的发展方向。

（二）文化形态的"可视化"转变

在人类感知外部环境的过程中，约有 80％的信息是通过视觉途径获取的。增强现实技术就是将动态的、多样化的、阐释性的、非线性的、互动的数字化增强内容叠加在静态的、直观的真实环境和物体上。物体与其数字化阐释内容有机地融合在一起，充分发挥各自的优势。在几乎完全不干扰物体的前提下，提供了更加丰富、精彩和互动的阐释信息。这些信息的叠加不仅没有割裂与物体所在环境的联系，反而加强了虚拟数字信息与真实环境之间的时间与空间联系。

从文化遗产保护等方面来看，以徽州雕刻艺术为例。由于西递村、宏村列入世界文化遗产名录后，其中建筑体系中徽州雕刻艺术也被列入第一批国家级非物质文化遗产名录，所以它的保护已处于必须引起高度重视的地位。通过动态增强现实技术的使用，对已经损坏的建筑进行三维模拟修复，使用AR设备对建筑实景或者平面资料、图片等扫描，可以见到建筑原始情况，同时随着观看者视线或角度的变化，也可以360度旋转看到虚拟模型。这样无论是博物馆这样大型展示平台还是普通的平面展示资料，都可以通过不同的设备，观看到立体模型或者动态影像，使整个展示过程充满乐趣，并赋予教育学习的意义。

从中国传统文化技术传承方面来看，以苗族的银饰品为例。苗族银饰作为苗族文化艺术的核心和灵魂，其中黔东南地区的苗族银饰锻制技艺更是被评为国家级非物质文化遗产。目前，黔东南苗族银饰的保护主要是借助旅游开发来推动传统苗族银饰，通常以家庭作坊进行手工制作。为了文化的传承与推广，需要运用数字化手段进一步保护。将相关苗族银饰的故事、文化视觉化，可以做成立体图像、动态视频，然后通过增强现实系统，把虚拟信息叠加在实物上，实现非物质文化遗产的可视化。同时增加互动形式，起到吸引用户的作用。利用AR技术将这些数字文化内容与现实产品相叠加可以提高苗族银饰文化内容的含量，增加人文语意附加值。

增强现实技术主要是将看不见、摸不着、体验不了的文化，通过数字化技术手段，以可视化的动态图形、影像等方式展示出来。

第二节　增强现实技术在古籍资料数字交互展示中的应用

一、在物质、非物质文化遗产保护中增强现实技术应用案例分析

（一）壁画、画作等二维事物

在洛阳龙门石窟、敦煌莫高窟、大同云冈石窟等地，石窟中墙壁上有大量的壁画等艺术画作，这些作为古籍资料的典型代表，其中包含了大量细节

和人物背景故事。但是由于壁画在屋顶或距离比较远的地方，观览者不容易看清。同时由于年代久远，受到周围环境温湿度、酸碱度、光照的影响，变得脆弱，已经无法承担大量的游客每天带来的闪光灯或人为破坏了。

敦煌莫高窟数字展示中心的建成，实时互动装置"纯净之地：敦煌莫高窟"AR 展览及相关电影《千年莫高》《梦幻佛宫》，使游客在正式进入窟中前，就对莫高窟有了全方位的了解。由于 AR 技术的进步，即使游客不进入洞窟也可以全方面地了解敦煌莫高窟的艺术价值。

无论是敦煌莫高窟内的壁画还是日本九州装饰古坟群的花纹，都需要用图形学算法进行模拟、拼接，然后通过增强现实系统显示设备的特殊光学系统，使观览者通过设备看到具体清晰的图画及其相关文化知识。这样不仅可以拉开游客和壁画之间的距离，减少游客对壁画的直接影响和伤害，还能保证游客看清花纹等信息。

（二）实体文物等三维物体

以有形的文化遗产为例，石刻、雕塑、陶瓷等材质的实体文物，还有传统工艺家具等，由于岁月的侵蚀出现程度不等的损坏。同时其由于自身价值的宝贵性，被置于博物馆等地严加防护，观展者看到的只是单一的外形状态，很容易忘记简单的文字介绍，并不懂背后的历史意义及文化价值。增强现实技术不仅能更好地保护、修复、展示文化遗产，还能够让人民群众更加便捷直观地欣赏文明成果。例如，龙门石窟佛像，长期的风吹日晒、战乱、历史上的三武一宗灭佛事件，以及游客的破坏，导致佛像、佛首的完整性较低，呈现不等程度的破坏。像这样大型的立体文物，无论数字化保护还是修复，都具有较高的难度，同时展示时，高度使得观看者只能远远观望才能看见全貌，但同时由于距离较远，细节之处就会忽略。通过增强现实系统，前期可采集具体的三维模型数据，然后建立等比例缩小模型，游客在游览观看石佛时，通过手机等智能设备观看石佛的虚拟增强的立体模型的同时，会有更多的历史事件、故事、影像等内容通过有趣交互方式传递给观览者。

（三）在古建遗址上

由于历史的变迁、岁月的侵蚀和人为破坏等，多数建筑遗址都受到不同程度的损害。通过增强现实系统构建虚拟三维影像，恢复古迹遗址的原貌，通过 AR 设备，把与文化遗产相关的文字、图像、声音、视频等信息数据通过多媒体与实时、动态地叠加到观察者所看到的真实环境当中，可以使观察者了解到破损建筑遗址的原貌及相关的历史信息，静、动态影像资料等。

最具代表性的项目是"数字圆明园增强现实系统"，该项目就是通过 AR 技术，重建大水法等三维视觉效果图，浏览者在通过带有 AR 系统的智能设备拍摄圆明园西洋楼景区大水法区域的实景时，便可以看到圆明园昔日的壮丽辉煌景象。当巨大落差显示时，破败的实景与繁华的旧日时光的强烈对比，更加让人铭记历史。

庞贝古城的文化遗产数字化也是另一个经典案例。人们通过 AR 技术，将庞培古城的生活、文化还有相关的建筑、人物等均用三维建模、动态媒体等技术将这些信息可视化，透明叠加在实景中。

（四）无形遗产 —— 传统文化技艺

通过 AR 技术对无形的非物质文化遗产进行数字化保护与传播，可以将无形转变为有形。

通过智能手机或平板中的摄像头识别文化衍生纪念品、展品，根据分类不同，将会有不同形态的内容，如三维动画、影像、文本等显示在设备的显示屏上。可见，AR 不仅突破了时间、空间的限制，还能进一步推广传统文化技艺的传播。例如，在广西壮族铜鼓的非物质文化遗产保护中，就使用增强现实技术，将与铜鼓相关的制作工艺、图案内涵、设计特色、工艺品背后的传说等文化信息通过视频影像、动态图形、文字解释等形式叠加在真实场景中，游客使用 AR 设备的摄像头对准壮族铜鼓工艺品，可以不需要导游，自行游览并及时了解相关文化信息。

这种虚实融合、无形转变为有形的视觉呈现让观览者不仅能进行实时的互动操作，还能获取相关的文化内容信息。

在户外或展览馆、博物馆等地方还可以通过大尺寸的屏幕显示设备来实现全息投影，用户还可以通过摄像头与屏幕中的虚拟形象互动。

二、在数字博物馆上的 AR 技术应用

增强现实技术在数字博物馆、展览馆的应用在前文中已经做过介绍，如"数字圆明园增强现实系统"、故宫博物院、敦煌莫高窟等，将 AR 融入数字保护及展览交互，均已取得成效。但是关于增强现实技术在古籍资料方面的展示应用案例并不多见，国外典型案例是英国曼彻斯特大学 MIMAS 学术数据中心与约翰·里兰兹图书馆联合开展的对馆藏的中世纪的手稿、代表性的文献档案《神曲》的原始文献进行 AR 展示。使用装有增强现实系统的设备拍摄《神曲》的原始文献，显示屏上就会出现关于该文献的数字图片、文字信息、相关线上资讯、相关文献资源等内容。学生可以对图片进行放大，观察到难以分辨的细节。还可以收听古英语阅读该文献的音频资料。如果感兴趣，学生还可以通过链接查看相关的文献信息。

（一）AR 系统

古籍资料数字展示中增强现实技术的应用建立在古籍数字化的数据库上，在增强现实交互中，通过端口衔接，发送指令可以调用当前资料相关的信息。AR 系统大多使用 Java 作为编程语言，使用高通 Vuforia 作为编程语言软件平台。AR 系统根据环境场地也大致分移动户外系统、移动室内系统、固定室内系统。而在博物馆这种特定地点，同时古籍资料的展示大多也固定陈列在玻璃柜中，所以在选择上为固定室内系统。

（二）AR 技术

在博物馆或展览馆这样的地方对古籍资料文献进行增强现实的展示时，增强现实的关键技术构成大致包括以下三点。

1. 显示技术

增强现实中的显示技术，是在使用者的眼睛和现实世界的展馆资料物品

之间的光的路径上成为影像的技术。

参观者在参观展品时，只要触发启动相应的文献资料的增强系统，那么和这个展品有关的文字、图片及视频等信息就可以实时显示在 AR 设备的显示设备上，增强的虚拟图像信息与真实环境叠加所呈现的效果好坏，则取决于显示技术。

2. 跟踪注册技术

根据跟踪原理不同，可将跟踪注册技术分为三大类：基于硬件设备（传感器）的跟踪注册技术，基于视觉的跟踪注册技术，以及混合跟踪注册技术。跟踪技术主要是对参观者视点在实际环境中的位置与方向实时的检测，在数字博物馆展示中，只要是参观者进入 AR 摄像设备视线领域内，设备就开始实时对焦，进行实景的拍摄录取，同时对参观者视线的计算分析，定位校准所看的文献资料内容，然后实现二维、三维的矩阵转换，将该文献所对应的虚拟信息"透明"叠加到真实环境中，显示在大屏幕或投影仪上。

3. 人机交互技术

参观者启动 AR 设备，发出动作指令，然后 AR 系统识别后通过具体的运算，在屏幕上显示相关数据、图片和文献资料的评论解说，可以实时点击感兴趣的信息，进行文献二次阅读，加深对古籍资料文献的理解。AR 技术在让学生接触原资料文献的同时，还加入数字图片、在线资料及其他相关学术信息。通过 AR 人机交互，不仅可以浏览古籍原始文件，还可与增加的虚拟信息进行互动，不仅增加观览者兴趣，还可得到更多的知识内容。

（三）AR 设备

在博物馆这样的地方，由于其特有的空间及其展览形式，再加上流动的人群，观展人数的不确定性，无论是移动式还是穿戴式都有一定的局限性。所以，空间开放式最适合博物馆这样的地方，而且效果会加倍，更易吸引观览者。而空间式增强现实显示有两种：一种是通过摄像头实时采集现场信息，将提前制作好的内容通过大屏幕和投影设备显示出来；另一种是全息成像展示。

所以，数字博物馆的增强现实系统所需要的设备一般包括 CRT 平面、LCD 显示器或投影显示器、摄像机、电脑、云端，还有无线网。

三、在移动媒体上古籍资料的 AR 技术应用

移动多媒体是一种可便携式移动设备，该设备是计算机和视频技术的融合，是使两种或两种以上的媒体进行人机交互、信息交流和传播的媒介。简单来讲，我们现在广泛使用的智能手机就是移动多媒体的一个载体。

基于移动媒体的古籍资料 AR 展示实际上就是在观看古籍资料前，在手机上安装增强现实系统或者相应的 App。在浏览古籍时通过手机摄像头可以实时获取古籍资料的真实影像，同时在显示屏幕上出现虚拟的数字信息，如作者生平、作品介绍、其他人的评论等，也可以推送相关资料影像，如古籍资料的数字化修复过程影像，图片资料的动态、三维影像等。借助智能手机的古籍资料的 AR 展示，因为手机特有的便捷性，打破空间限制，提供了实时互联网相关数字资源，还有效解决了古籍资料保护与利用的现有矛盾。

国外典型古籍增强现实展示案例便是美国宾汉姆顿大学图书馆于 2014 年"奇妙的 AR 图书"这个项目，使用带有增强显示系统的智能手机照摄一个空白的书页，通过手机屏幕就可以看到珍贵古籍、手稿的数字内容增强显示在空白书页上。这个系统使用了识别并实时追踪技术，这样观览者手动翻空白书页时，在屏幕上的数字古籍文献也相应地呈现翻动书籍的动态。这种体验高度模拟阅读真正古籍的过程。

手持式增强现实终端，由于智能手机的普及，硬件成本的降低，相较于固定式及穿戴式设备，在便携性上有更强的优势。所以移动媒体上的古籍资料 AR 系统相较于数字博物馆的 AR 系统，在移动设备上要兼顾界面的视觉效果和功能设计。从用户体验上来说，手机界面要更简单，以用户语言至上为原则。因为手机屏幕的有限性，要注意增强内容的冗余性，使观看者记忆负担最小化。从界面的视觉效果来说，增强系统的结构风格要与手机平台具有一致性，视觉效果上便于理解和使用。从操作系统上来说，增强系统要符合人的习惯，操作设计要人性化。

四、在关于古籍游戏上的 AR 技术应用

伴随着智能手机与 AR 技术的成长，"联想 new glass 古今穿越，解密寻宝"的出现，标志着一款博物馆通过和旅游局的合作，开发"增强旅行"的 AR App 的横空出世，也标志着技术的进步不在仅仅是纸上谈兵的理论，还可以出现这样的商业衍生商品。

那么可以大胆设想，是否可以将古籍资料的相关内容作为素材，与 AR 技术结合推出教育类游戏。使用者在玩或者体验游戏时，通过游戏过程来学习古籍相关的知识内容，达到所谓的"寓教于乐"的目的。

基于 AR 的教育游戏，我们希望能够提供直观的学习资源并吸引学习者的注意力。所以，在游戏开发前要想好增强现实游戏的主题即目标定义。例如，游戏可以使用古籍资料中的故事为发展线，确定好游戏最终开发及使用平台是 WEB 或者移动手机端来决定游戏的难易程度、游戏类型等。

在游戏的需求分析结束之后，根据明确的游戏目的，以及游戏类型和规则，设计游戏的关键技术在主要的功能模块中的应用，设计游戏的整体架构，确定游戏的可实现性，设计出增强现实教育游戏的活动模块。

在增强现实游戏过程中，可将历史文化、古籍资料的巨量信息（知识）如遗失的画作、雕塑、损毁的建筑等模型叠加到现实场景中，有效地呈现；通过图像、文字、视频等多种方式在现实场景中叠加呈现；通过播放立体影音营造氛围等。更值得一提的是，增强现实技术在游戏领域的应用远远高于其他领域，通过穿戴式设备能够提升游戏真实的空间感、临场感。沉浸性的技术将计算机生成的虚拟信息完美叠加到真实场景上，给使用者一个感官逼真的体验。游戏本身由于容易融合新技术的特性，为教育游戏的开拓提供了更多的应用空间。

第三节 基于增强现实技术在古籍资料
数字交互展示所面临的问题

一、平台搭建的标准程度的不统一

通过对古籍资料的整理不难发现，由于有着古籍纸本、底片、声像档案等不同分类，在数字交互展示中，增强现实系统搭建的模式、技术都会有所差异。不能千篇一律地套用同一种标准，这样的结果可能不仅是浪费财力，也并不能有好的呈现，所以根据现有古籍资料的保存状况和分类，从中抽取典型作为研究对象，并根据这些研究对象进行分析归纳，从而指出它的可行性研究方向。

（一）文本类

古籍资料随着历史发展，材质也发生改变，从刻在龟甲、兽骨上的甲骨文到金文石刻，再到竹简木牍、锦帛等材料，直到纸张发明后书写文字。

1. 甲骨

这个时期的文字，我们更应该称之为象形符号，在增强现实时可利用图形学算法模拟，以及通过互联网进行符号文字提取，利用计算机相关系统实时转换简体汉字并进行对比，使观览者通过设备看到具体清晰的图画及其相关文化知识的链接推送。

2. 金文石刻

金文是铸刻在祭祀用的青铜器上的文字，字体与甲骨文相似，石刻是雕刻在石头上的文字。在增强现实时可利用图形学算法模拟及数据库进行实时转换简体汉字，使观览者通过设备看到具体清晰的文字，同样也可以将那个时期的祭祀文化以故事动画形态叠加在资料本体上。

3. 竹简木牍

最著名的竹简木牍材质的古籍就是 222 枚早已失传了一千七百多年的

《孙膑兵法》《孙子兵法》等先秦古籍。在增强现实时不仅可以将图片、文字故事信息视觉化，还可以播放关于竹简木牍类古籍文献现存情况和保存的纪录片。

4. 缣帛

缣帛是以丝织品作为书写材料的古籍，将设备摄像头对准时，可以将与丝质文化相关的制作工艺、图案内涵、设计特色、背后的传说等文化信息均叠加在上面。

（二）图片类

关于图片类的资料文献，可以根据内容的不同，制作显示不同的虚拟视觉效果。

1. 人物

通过计算机科学计算，模拟出人物的立体形象，叠加显示在真实空间中的图片上。

2. 街景

通过增强现实技术，可将繁荣真实的生活场景动态叠加在图片中。通过历史和现状影像在空间中的对比，使观览者对历史有着更深刻的了解。

3. 建筑

根据图片建筑信息可以制作三维立体模型，通过增强现实技术叠加在图片上，混合跟踪注册技术可以实现随着人体视觉的旋转，360度的观察虚拟模型。

（三）声像类

在声像类文献资料的展示中，可以将 Kinect 传感器与 AR 系统相结合，通过摄像头捕捉体验者后，根据 Kinect 传感器的骨骼跟踪与动作识别，在真实环境中，根据音乐节奏、故事走向将相关的文字、图片、音视频等信息投放在显示设备上（一般是在展览馆等地方），从而更直观地了解相关的知识，并根据屏幕中的操作方法互动。

二、技术的更新与维护的方法的不完善

目前的增强现实技术越来越成熟，交互能力较强，但是还存在缺陷。在AR展示互动中高精度、反应速度快、兼容性高才会使体验者有着舒适体验感。但是对于以上所有要求的完美融合，还没有一种较为完善的解决方法。

（一）交互模式的多样性

流畅的触控模式，增强现实的技术已经取得较大的突破，但是在交互展示过程中，人和虚拟内容的交互、人和真实空间环境的交互这两者的兼容性，以及虚拟和真实的空间关系，都是需要挑战及解决的问题。

（二）智能删选、推荐信息功能

增强现实的内容信息过多的时候，全部显示不仅会让界面看起来混乱，还会占据过大内存，使系统运转缓慢。对观览者推送什么样的相关信息，需要一个智能删选功能。如果仅仅从技术的角度出发，是否可以与其他平台合作，如微信、微博等，当启动AR系统时也通过具体的算法智能删选、推荐信息功能。

（三）增强展示的内容

首先，增强展示的内容制作要基于原有的研究素材，还需进行数字模型或动画制作、数据的采集，这样不仅工作量巨大，而且受制于增强现实设备与技术的有限性。因为增强现实需要对实时计算能力、数据优化提出更高的要求。另外，在内容制作上需要考古、历史艺术和计算机技术等多学科交叉知识，这对文化遗产基础性研究提出更高的要求。其次，这种全新的信息展示方式，不同于传统我们认知中的动画、影像制作，也不同于虚拟现实（VR），所有的可视化设计都要专业严谨。

三、资金与人才资源的缺乏

由于国内尚没有在古籍资料方面用增强现实展示的成功案例，所以这个

零突破的前提将会是投入大量的资金与人力。由于增强现实系统使用的是Vuforia平台、高通公司的产品及其软件开发套件（SDK），提供设计增强现实应用程序的工具均需要付费，根据使用的平台和功能、时间长短，价位也是不同的。

同样，在增强现实显示的虚拟内容信息和识别跟踪技术时，智能识别的数据信息都是系统设计前期，存储在本地设备或云数据库中（在我们的应用程序中需要调用Vuforia设备数据库实现展示效果，我们将图像存储在Vuforia设备数据库中，然后将其下载到本地设备）。这样前期工作量巨大，如果想要实时调用相关数据，那么需要结合《中华古籍资源库》《中国基本古籍库》《瀚堂典藏》《文渊阁四库全书》等代表性、数据较全面的古籍资料的数据库信息，相对比国外古籍资料，中国的古籍资料较为繁多，同样的数据库的信息也就并不是全部免费开放的，这样数据库之间的调用也需要一定的资金。

所以说，AR/VR行业已经走过概念讨论的阶段，进入疯狂的野蛮生长期，但我们不得不承认的是，即便有着当前行业的硬件三巨头，也处于不能够普及的尴尬境地，而价格问题则是这种情况出现的最根本的原因。

另外在内容制作上，前文也提到，关于增强现实技术在古籍资料数字化交互展示的应用具有多元、跨学科的属性，需要考古、历史艺术和计算机技术等多学科交叉知识的复合型人才。因此，只有通过跨界合作整合人才、建立相关学科学励机制、优化人才结构，才能保证增强现实技术在古籍资料数字化交互展示应用方面的人才需求。

增强现实技术应用于古籍资料的交互展示，不仅为古籍资料的数字化拓展了更多的可能性，而且提供了更丰富多彩的交互方式。增强现实技术使附加虚拟信息与真实环境之间的时间与空间"透明"叠加。这样不仅解决了古籍资料保护的问题，提供体验者实时交互的体验形式，还扩展了博物馆、展览馆等有限空间的无限空间表达能力，打破了空间的限制。

对所有AR技术在文化遗产上成功应用案例的总结分析，不难发现，大多应用于立体文物、建筑等增强效果明显，反而关于古籍资料这一特殊的展示物体寥寥无几。再加上古籍资料这一类特殊性展示物品，由于种类、材质、前期修复、数字化统计数据的整理等各种各样的限制条件，以及有限的资金，出现中小型博物馆的展出方式与现代观众欣赏需求提高之间的矛盾，面对这些不同的问题，人们会有这样的疑问："这样不惜成本的运用技术手段在展示上，会不会舍本求末？"

但是随着现代技术的不断进步，未来博物馆或展览馆的陈列时代终将会发生巨大的改变。博物馆的陈列展示向科技化、现代化、空间化发展会变成主流。"纯净之地：敦煌莫高窟"AR 展览，和"数字圆明园增强显示系统"都在诉说这一事实。虽然关于国内尚没有"古籍资料"方面的 AR 展示应用案例，但是对其他案例及合理化的应用理论分析，对增强现实技术在古籍资料交互展示应用方面提供了参考。更重要的是，增强现实开发的技术门槛在不断降低，同时增强现实技术所需的硬件设备日益成熟，相信通过大家的不懈努力，有针对性地开展应用研究，并且在应用过程中不断总结经验，关于增强现实技术应用于古籍资料的交互展示应用一定能够得以实现。

结 束 语

"古籍"是指研究中国古代文化的书籍，为古书册的习惯称谓，是以古典装帧形式出现的写本和印本图书。由于自然环境、灾害、战争、历史上大规模的禁书造成了古籍亡佚残缺，以及古籍载体本身的局限性，使得古籍的生存和传承举步维艰。因此，我国学者提出了古籍数字化，即从利用和保护古籍的目的出发，采用计算机技术，将常见的语言文字或图形符号转化成能被计算机识别的数字符号。从而支撑古籍文献书目数据库和古籍全文数据库。用以揭示古籍文献信息资源的一项系统性工作。

基于上述情况，本书首先概述了古籍数字化的相关概念及内涵，介绍了古籍数字化的现状；然后论述了图书馆古籍数字化项目的空间与设备规划、图书馆古籍数字化采集工作实践、图书馆古籍数字化对象数据的保存与管理和图书馆特藏文献数字化实例；接着，阐释了古籍数字化的知识管理，介绍了国内外图书馆古籍数字化的现状，最后以增强现实技术在古籍资料数字化交互展示中的应用为例讨论了当前古籍数字化最新的一些科技应用。

本书通过对图书馆古籍数字化理论与实践的描述，就新时期古籍资源数字化的开发也得到了一些启示。

1. 将古籍内容与国际传播相融合

尽管近年我国文学古籍资源数字化开发取得了诸多成果，但新时期如何利用古籍讲好中国故事，助力中华优秀传统文化国际传播，提升我国的综合国力和世界影响力，仍然是一项艰巨的任务。当下，我国古籍资源数字化开发工作面临巨大挑战，大多古籍数字化仍停留在内容移植层面，并未真正实现内容替换，从而导致古籍资源数字化开发与传播效率较低。因此，古籍数字化应加强跨界合作力度，以满足数字时代的传播之需，为古籍资源数字化建设和"走出去"拓展渠道，让古籍资源以数字内容、多元渠道走向国际，切实提升中华文化的影响力。

如继《大中华文库》成功"走出去"后，2018年3月，中文在线数字出版集团股份有限公司联手哈佛大学费正清中国研究中心、北京大学中国古代史研究中心共同签署了中国历代人物传记资料库（CBDB）项目合作协议，着力打造中国古籍数字人文资源平台，重构古文献研究新脉络，积极探寻技术赋能模式，提高古籍数字化的效率和精准度。该项目同时聚合多元主题，深化用户体验，不仅对古籍资源数字化开发和国际化传播起到积极作用，也为下一阶段的古籍资源数字化开发和国际新传播提供了启示。

2.将规模与质量和效益相融合

近年来，我国文学古籍资源数字化开发成果喜人，在规模与数量上均超过以往，体现了现阶段我国古籍数字化飞速发展的良好态势。然而，由于大多古籍数字化开发工作是个别机构开发或几个机构单点合作的，不仅存在内容同质化现象，而且投入巨大，回报周期长，利润少，导致过度依赖国家扶持，缺乏创新性。为此，文学古籍资源数字化开发应建立统一标准体系，通过国家引导、企业主导模式积极实行市场化运营模式。正如北京大学教授荣新江所言：古籍数字化与纸质出版是两码事，并不会影响纸本的发行销售，而且古籍数字化一旦弄好了，各大图书馆、科研机构必然会积极购买，所以古籍数字化实际上具有良好的经济效益。

随着人民群众对传统文化热爱程度的日益提升，根据市场需求开发有针对性的、高质量的文学古籍数字产品，不仅可以弥合数字阅读时代古籍资源的开发逆差，顺应传承与弘扬中华优秀传统文化的时代趋势，还能通过多行业、多渠道发行提高经济效益，真正实现保护与开发共进、质量与效益并重的发展目标。

总之，古籍数字化翻山越岭跨越了40年，不断走向成熟，在古籍数字化数据库建立，古籍数字化统一元数据，古籍数字化统一规划和协同合作，古籍数字化编目工作中取得了一定的成绩。但是古籍数字化的后续保护以及古籍数字化的开发利用上还尚需我们的工作者继续砥砺前行，不断提高古籍工作者的学识内涵，借鉴国内外成体系的学术、经验，秉持着辨章学术、考镜源流的精神，探索、发挥古籍价值是古籍数字化永不终止的工作内容。

参考文献

[1]   毛建军. 古籍数字化理论与实践[M]. 北京：航空工业出版社，2009.

[2]   尹小林. 古籍数字化研究[M]. 北京：五洲传播出版社，2019.

[3]   赵大莹，陈红彦. 古籍数字化规范数据采集实践[M]. 北京：学苑出版社，2020.

[4]   曹玲. 农业古籍数字化建设实践[M]. 芜湖：安徽师范大学出版社，2017.

[5]   王立清. 中文古籍数字化研究[M]. 北京：国家图书馆出版社，2011.

[6]   尹小林. 第五届中国古籍数字化国际学术研讨会论文集[M]. 北京：五洲传播出版社，2017.

[7]   尹小林. 第四届中国古籍数字化国际学术研讨会论文集[M]. 北京：五洲传播出版社，2015.

[8]   尹小林. 第二届中国古籍数字化国际学术研讨会论文集[M]. 北京：五洲传播出版社，2011.

[9]   尹小林. 第一届中国古籍数字化国际学术研讨会论文集[M]. 北京：五洲传播出版社，2009.

[10]   张若琦. 沈阳师范大学图书馆古籍保护中心建设研究[D]. 沈阳：沈阳师范大学，2020.

[11]   李宛泽. 痞满证治规律的中医古籍数据挖掘研究[D]. 广州：广州中医药大学，2020.

[12]   陈晓涛. 基于SSM的数字化古籍书库的设计与实现[D]. 南京：东南大学，2019.

[13]   马秀秀. 古籍再生性保护初探[D]. 天津：天津师范大学，2019.

[14]   孔谦. 基于数字化处理的《真本千金方》俗字研究[D]. 武汉：华中科技大学，2019.

[15]   刘星辰. 基于深度学习的朝鲜古籍中文种辨识方法的研究[D]. 延吉：延边大

学，2019.

[16] 巩金强. 籍合网古籍知识服务策略探析[D]. 保定：河北大学，2019.

[17] 陈汝模. 福建海丝文献数字化建设研究[D]. 福州：福建师范大学，2019.

[18] 杨文慧. 西夏古籍文字样本数据库的创建及应用技术研究[D]. 银川：宁夏大学，2018.

[19] 孙琪琪. 新世纪古籍出版研究[D]. 开封：河南大学，2018.

[20] 李雪. 关于图书馆古籍文献对读者开放的调查研究[D]. 保定：河北大学，2018.

[21] 陈士兵. 古籍资源聚合研究[D]. 太原：山西大学，2018.

[22] 李成名. 基于深度学习的古籍词法分析研究[D]. 南京：南京师范大学，2018.

[23] 褚嘉欣. 数字化古籍知识管理研究[D]. 郑州：郑州大学，2018.

[24] 潘可可. 古籍点校错误统计分析及对策研究[D]. 保定：河北大学，2018.

[25] 李晓楠. 2007—2017年大陆地区公共图书馆汉文古籍数字化情况调研[D]. 北京：中国社会科学院研究生院，2018.

[26] 刘惠娟. 论古旧文献数字化的必然性[J]. 文艺生活(艺术中国)，2021（03）：126-127.

[27] 刘晓建，季拥政. 藏医药古籍文献数字化标准体系示范建设[J]. 数字图书馆论坛，2021（02）：27-33.

[28] 冯海英，邓坚，黎锐杏，等. 试析古籍及历史文献在地方新型智库建设中的开发利用[J]. 经济与社会发展，2021,19（01）：67-73.

[29] 孔令云. 高校图书馆古籍阅读推广探析：以安徽大学图书馆为例[J]. 黄山学院学报，2021，23（01）：137-140.

[30] 焦佳琛，包能胜，姜佳华. 基于人工免疫算法的古籍文本数字化处理[J]. 汕头大学学报（自然科学版），2021，36（01）：3-11，2.

[31] 叶未央，周生辉. 基于FAIR原则的中医药古籍数字化出版[J]. 出版发行研究，2021（02）：49-54.

[32] 褚宏祥，孙霜. "互联网+"背景下聊斋文化传承与发展的体系构建研究[J]. 山东理工大学学报（社会科学版），2021，37（01）：96-100.

[33] 孙显斌. "信息时代的古籍整理与研究"学术沙龙召开[J]. 文学遗产, 2021（01）：191.

[34] 周树斌, 周宇婷, 施州州, 等. 基于可视化和内容分析的我国中医古籍数字化研究现状与展望[J]. 图书情报研究, 2020, 13（04）：101-108.

[35] 张会芳. 古籍数字化对古籍文献"藏用矛盾"的影响研究[J]. 科教文汇（中旬刊）, 2020（11）：178-179.

[36] 李涛. 初探我国中文古籍数字信息专业人员未来求职发展方向[J]. 就业与保障, 2020（21）：41-42.

[37] 张玉梅. 存世宁夏旧方志数字化整理探析[J]. 图书馆理论与实践, 2020（06）：121-126.

[38] 丁劼, 马金宝. 关于近现代报刊文献数据库建设相关问题的思考[J]. 回族研究, 2020, 30（04）：38-42.

[39] 曹瑞琴. 古籍数字化与共建共享研究[J]. 图书馆工作与研究, 2020（S1）：41-44.

[40] 黄天娇, 邱志鹏. 文化传承视阈下水书古籍档案数据库建设研究[J]. 云南档案, 2020（10）：55-57.

[41] 张丽. 我国古籍数字资源服务机制及相关法律问题[J]. 数字与缩微影像, 2020（03）：23-26.

[42] 郭楚晗. 高校图书馆古籍典藏特色及保护策略研究：以福建师范大学图书馆为例[J]. 福建图书馆学刊, 2020, 3（03）：29-33, 44.

[43] 王艳贞. 公共图书馆古籍开发利用的实践与思考：以郑州图书馆为例[J]. 河北科技图苑, 2020, 33（05）：18-22.

[44] 孙丽芳, 石芳, 张岚. 拓展古籍服务内涵 传承优秀传统文化：河北大学图书馆古籍服务创新与思考[J]. 河北科技图苑, 2020, 33（05）：67-69.

[45] 唐雅琳, 王克修. "让书写在古籍里的文字活起来"的经验和启示[J]. 湖南行政学院学报, 2020（05）：126-132.

[46] 张力元, 王军. 古籍数据库分面分类体系设计研究[J]. 图书馆建设, 2021（03）：56-61.

[47] 熊枫，宋国强. 高校中医古籍数字资源建设现状调查研究[J]. 内蒙古科技与经济，2020（15）：97-99，07.

[48] 贾偌，李守仁. 泛在知识环境下高校古籍保护与利用的思考[J]. 科教导刊（中旬刊），2020（23）：22-23.

[49] 方孝玲. 基于人文素质教育的高校图书馆古籍数字资源建设：以安徽省高校图书馆为例[J]. 铜陵学院学报，2020，19（04）：74-77.

[50] 倪劼. 基于流水模式的古籍文献汉字切分算法[J]. 图书馆论坛，2021，41（09）：141-149.